BETTINA WINTERFELD

LISSABON

Eine Stadt in Biographien

Herausgegeben
von Norbert Lewandowski

Nach einer Idee von
Marina Bohlmann-Modersohn

MERIAN *porträts*

DIE AUTORIN

Bettina Winterfeld schreibt Reportagen für renommierte Blätter wie »Frankfurter Allgemeine Zeitung«, »Süddeutsche Zeitung« und »Vogue«. Sie hat zahlreiche Reisebücher und die MERIAN *porträts*-Bände New York und San Francisco verfasst und lehrt als Dozentin Biographisches Schreiben. Die Liebe zu Portugal und seiner Hauptstadt entdeckte sie bei den Recherchen zu einem Portugal-Buch. Seitdem hat sie Lissabon nie mehr losgelassen. Mindestens einmal im Jahr besucht sie die Stadt an der Tejomündung.

»Quem não viu Lisboa, não viu coisa boa! – Wer Lissabon nicht gesehen hat, hat nichts Schönes gesehen«, sagt ein portugiesisches Sprichwort. Das ist übertrieben, aber es klingt betörend wie die Musik der Stadt: der Fado.

Im Sonnenlicht kann Lissabon die Augen blenden, dass es schmerzt: das Weiß der Gebäude, das Rot der Ziegeldächer, das Blau des Tejos. Wie Rom eine Stadt auf sieben Hügeln und mit vielen reizvollen Kontrasten: imperiale Fassaden, enge, verwinkelte Gassen, großzügige Plätze und Boulevards, der verwirrende und nie ermüdende Takt einer Hafenstadt. Doch wie jede Metropole wird auch Lissabon nicht nur von Bauwerken und Straßenzügen geprägt, sondern in erster Linie von den Menschen, die hier geboren und gestorben sind oder wichtige Jahre verbracht haben. In MERIAN *porträts* begleiten 20 Persönlichkeiten die Leser wie Reiseführer und führen sie direkt ins Innenleben der Stadt.

Wir spüren im mittelalterlichen Viertel Alfama noch den Einfluss der Mauren, die einst über die Stadt herrschten und begegnen Santo António. Wir nehmen mit den Geschichten von Henrique de Avis, König Manuel I und Vasco da Gama das Restlicht einer glanzvollen Epoche Portugals als erste europäische Seemacht wahr.

Natürlich ist es schwer, die »richtigen« 20 Personen auszuwählen, vermutlich ist es sogar unmöglich, schließlich wurde Lissabon von weit mehr als 20 Menschen geprägt. Doch in der Summe soll die subjektive Auswahl ein unverwechselbares Kaleidoskop ergeben.

Dann erschließt sich uns mit den Politikern Sebastião José de Carvalho e Mello und Salazar das schwere Schicksal der Stadt, mit den Literaten Camões, Pessoa, Saramago und Antunes ihre melancholische Poesie. Und mit dem Fado von Amália Rodrigues offenbart sich die wahre Seele Lissabons: der Weltschmerz und die Lust auf den nächsten Morgen.

Farbige Kästchen mit Ziffern **1** und farbige Buchstaben-Ziffern-Kombinationen ***(▸ D 3)*** verweisen auf die Orientierungskarte auf S. 8/9.

AUF EINEN BLICK

Ohne ihre Bewohner wäre die Stadt eine andere. Ohne Vasco da Gama, Amália Rodrigues, Eusébio … wäre Lissabon nicht Lissabon.

SANTO ANTÓNIO (1195–1231)

HENRIQUE DE AVIS (1394–1460)

MANUEL I (1469–1521)

VASCO DA GAMA (1469–1524)

LUÍS VAZ DE CAMÕES (1524–1580)

SEBASTIÃO

1497 *Am 8. Juli verließ Vasco da Gama mit seinem Flaggschiff São Gabriel den Hafen in Lissabon Richtung Indien.*

1100 – 1200 – 1300 – 1400 – 1500 – 1600 – 1700 – 1800

1873 *Zunächst als Pferdestraßenbahn, fahren die Eléctricos de Lisboa bis heute durch die Gassen der Altstadt.*

1232 *Bereits 11 Monate nach seinem Tod wurde Santo António heiliggesprochen.*

__1875__ erschuf Bordalo Pinheiro die Figur des Zé Povinho, bis heute Nationalsymbol der Portugiesen.

__25. April 1974__ Die Diktatur des Estado Novo wurde mit der friedlichen »Nelkenrevolution« beendet.

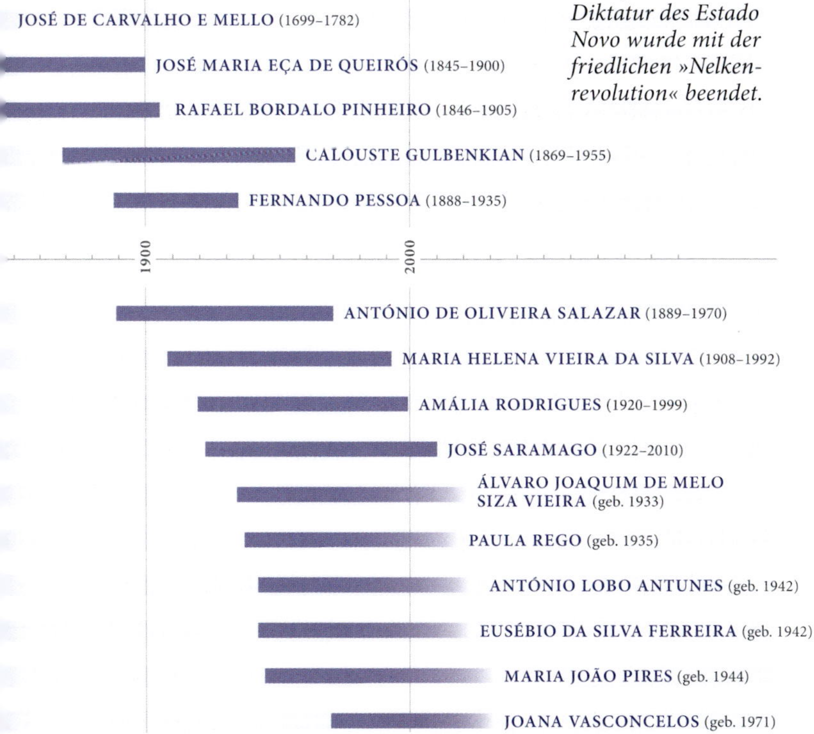

ORIENTIERUNG

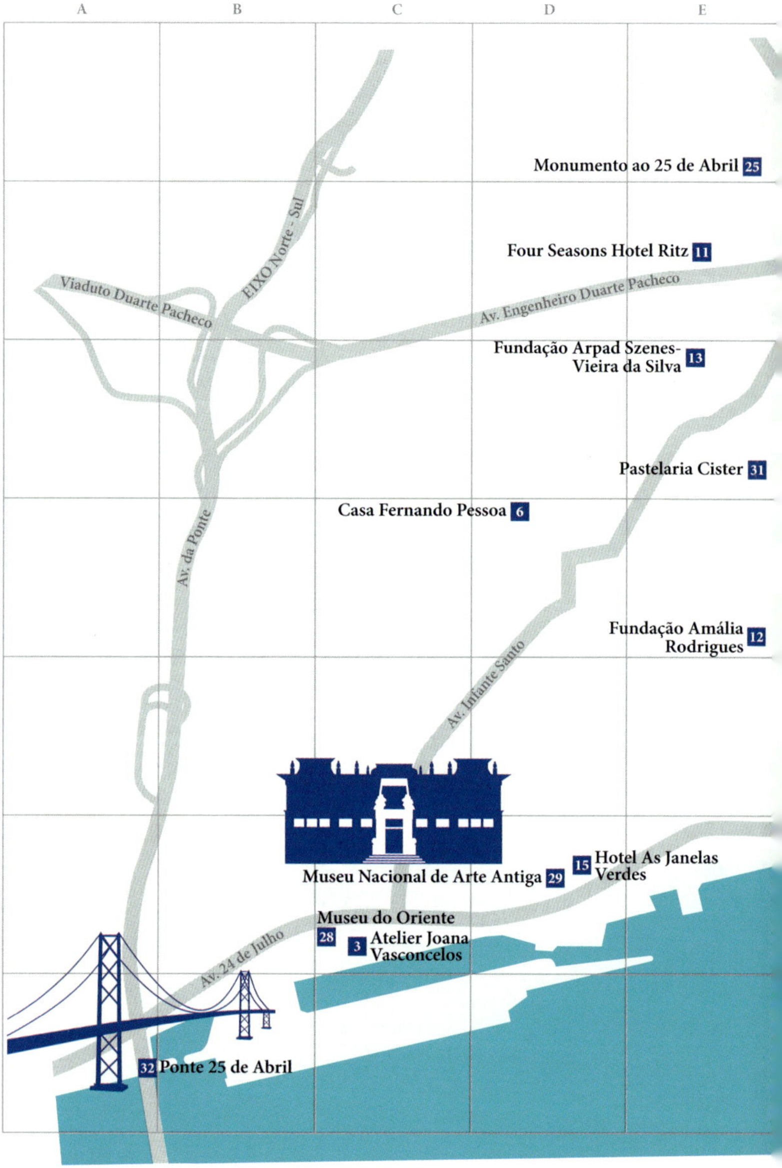

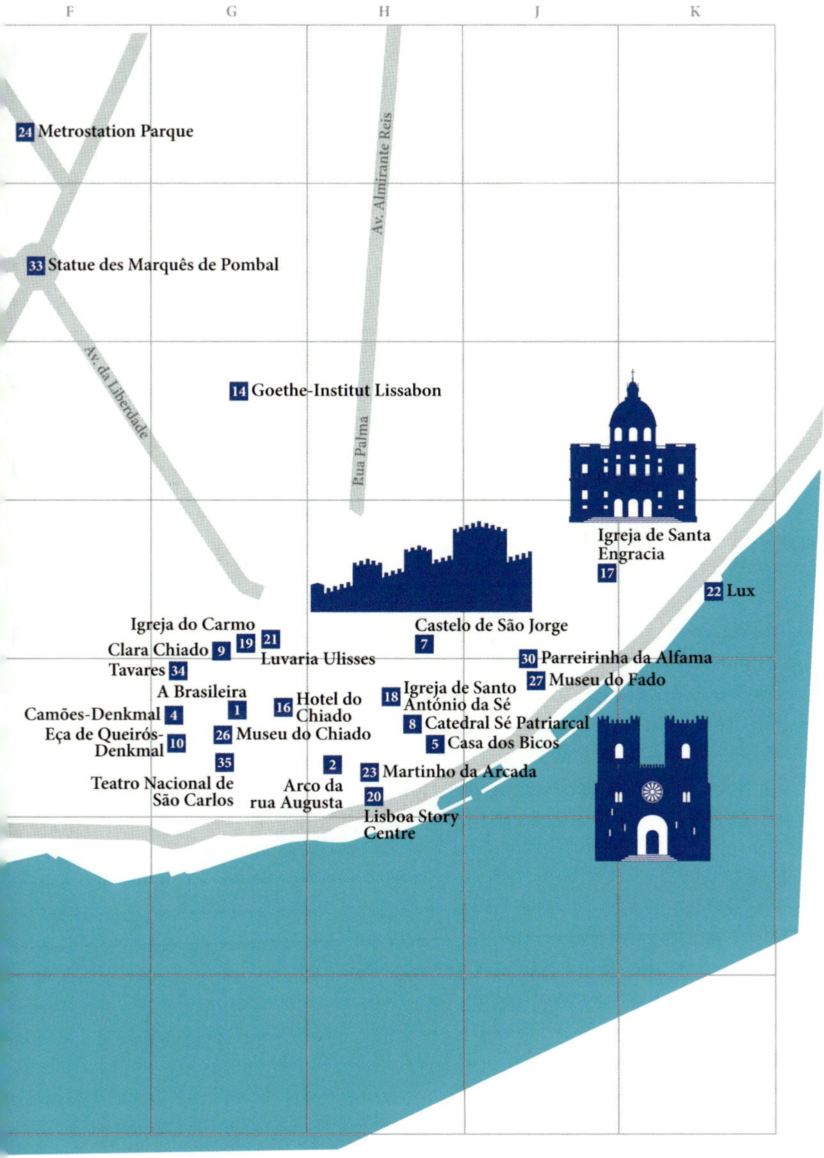
F
G
H
J
K
24 Metrostation Parque
Av. Almirante Reis
33 Statue des Marquês de Pombal
Av. da Liberdade
14 Goethe-Institut Lissabon
Rua Palma
Igreja de Santa Engracia
17
22 Lux
Igreja do Carmo
19
21
Clara Chiado 9
Luvaria Ulisses
Castelo de São Jorge
7
Tavares 34
30 Parreirinha da Alfama
27 Museu do Fado
A Brasileira
1
16 Hotel do Chiado
18 Igreja de Santo António da Sé
Camões-Denkmal 4
8 Catedral Sé Patriarcal
Eça de Queirós-Denkmal 10
26 Museu do Chiado
5 Casa dos Bicos
35
2
23 Martinho da Arcada
Teatro Nacional de São Carlos
Arco da rua Augusta
20
Lisboa Story Centre

SANTO ANTÓNIO

1195–1231

In der Altstadt Alfama wird ein gewisser Fernando Martim de Bulhões geboren, der später zum Stadtheiligen avanciert. Die Lissabonner verehren ihn noch heute mit rührender Inbrunst.

Ein Geruch von frisch gegrillten Sardinen, der portugiesischen Leibspeise, weht durch die Alfama. Über den Gassen flattern Girlanden und Fähnchen im Wind. Überall, an allen Ecken und Enden stehen die Menschen im Freien, essen und trinken, lachen, tanzen und feiern bis in die Morgenstunden. Viele Hauseingänge sind mit Basilikumtöpfen geschmückt.

Jedes Jahr am 13. Juni feiern die Lissabonner den Gedenktag des heiligen Antonius und verwandeln die Altstadt in eine Partyzone. Sie schmücken ihre Bairros, die Stadtviertel, grillen auf der Straße Sardinen, trinken Bier, Bowle und Wein. Besonders liebevoll werden die Gassen, Treppchen und winzigen Plätze in der Alfama geschmückt. Das Viertel, in dem der Franziskanermönch geboren wurde, verwandelt sich dann in ein einziges, verwinkeltes Wohnzimmer. Es ist die Nacht der Nächte.

Im Lissabonner Rathaus findet an diesem Tag eine große Hochzeitszeremonie statt. Dutzende von Brautpaaren lassen sich in einem prachtvollen Festakt in der alten *Catedral Sé Patriarcal*

Santo António ist der Stadtheilige von Lissabon und Padua. Er wurde 1195 als Spross einer Adelsfamilie am Tejo geboren.

8 *(▸ H5)* gemeinsam trauen. Die Stadt Lissabon kommt für die Kosten auf und finanziert den glücklich Auserwählten Brautkleid, Kränze und Festessen.

Santo António gilt nicht nur als der Schutzheilige der Liebenden, sondern auch als Glücksbringer für alle Schusseligen und Vergesslichen. Wer also an diesem Tag den Bund fürs Leben schließt, kann sich darauf verlassen, dass der oder die Liebste den

Am 13. Juni, dem Tag des heiligen Antonius, geben sich viele Lissabonner Brautpaare im Rathaus der Stadt das Jawort.

Jubiläumstag in Erinnerung behält und rechtzeitig für Blumen und andere kleine Aufmerksamkeiten sorgt. Santo António zaubert verlorene Gegenstände ebenso nonchalant zurück wie liebende Ehepartner herbei. Deshalb tragen viele Lissabonner ein Foto des Heiligen in ihrem Portemonnaie.

Die schönste Art, sich Lissabons Lieblingsheiligem zu nähern, ist kein Kirchenbesuch, sondern eine Fahrt mit der wunderbar altmodischen Straßenbahnlinie 28. Die gelbe Eléctrico rattert einmal quer durch die Altstadt.

Der beliebte Franziskaner wurde 1195 als Fernando Martim de Bulhões e Taveira Azevedo in der Alfama geboren. Das alte Maurenviertel mit seinem Labyrinth aus verschachtelten, schmalen Gassen, den weißgekalkten Häusern ist eines der interessantesten Bairros von Lissabon. Hier ist schon eine Vorahnung von Afrika zu spüren, von jenem Kontinent, den der Heilige so gern missioniert hätte. Noch vor ein paar Jahren drohten hier viele Häuser zusammenzufallen. Schließlich ist es der älteste Teil der Stadt und das einzige Gebiet, das 1755 vom Erdbeben verschont blieb. Inzwischen sind viele alte Häuser renoviert.

Als Antonius zur Welt kam, waren die Mauren vor nicht einmal 50 Jahren nach Nordafrika zurückgetrieben worden. Auf die Grundmauern ihrer einstigen Moschee wurde die mächtige romanische *Catedral Sé Patriarcal* gebaut. Und das Castelo de São Jorge **7** *(▸ H4)*, das 1147 König Alfonso I erobert hat, war zuvor eine arabische Festung. Von ihren Zinnen bietet sich ein grandioser Blick auf die Stadt am Tejo. Außerdem verweisen archäologische Ausgrabungen aus phönizischer, römischer und maurischer Zeit auf die 3000-jährige Geschichte Lissabons.

LISSABON IST 3000 JAHRE ALT

Laut Plinius dem Älteren soll die Stadt bereits von Odysseus gegründet worden sein, es ist jedoch wahrscheinlicher, dass Phönizier um 1000 vor Christus die Siedlung aufgebaut und ihr den Namen Alis Ubbo (fröhliche Meeresbucht) gegeben haben. Ab 205 vor Christus herrschten die Römer über »Olisibo«, später soll Cäsar von hier aus seinen Keltiberischen Krieg, den er natürlich gewonnen hat, organisiert haben.

Den Römern folgten die Sueben, Vandalen, Westgoten und schließlich 719 nach Christus die Araber. Lissabon wurde für gut 400 Jahre eine Hafenstadt des Emirats von Cordoba, bis Alfonso 1147 die Mauren endgültig vertrieben hat. Das ist die historische und politische Situation, in die der spätere heilige Antonius hineingeboren wird. Und sie ist nicht besonders angenehm.

Lissabon, das unter den Mauren eine erste wirtschaftliche Hochblüte erlebt hat, ist unter christlicher Herrschaft zunächst nur ein Schatten seiner selbst. Die Kanalisation, eine Errungenschaft der Araber, verfällt; nicht nur die hygienischen Verhältnisse sind katastrophal. Dafür wird jetzt mehr gebetet, denn die Stadt wird ständig von Seuchen bedroht, von Dieben übervölkert und der adligen Willkür ausgesetzt.

Fernando Martims stammt aus einem angesehenen Lissabonner Adelsgeschlecht. Einer seiner Vorfahren war der französische Ritter Godofredo de Bulhão, der zu Beginn des 11. Jahrhunderts den ersten christlichen Kreuzzug nach Jerusalem anführt und später auch dort begraben wird.

Das Haus der Familie befindet sich direkt neben der großen Kathedralenbaustelle. So liegt es nahe, dass der Vater den kleinen wissbegierigen Fernando in die Klosterschule zu den Kanonikern des Doms steckt. Eigentlich wünscht sich das Familienhaupt, dass der Sohn eine Karriere als Kaufmann, Politiker oder Kriegsherr macht, doch Fernando will Priester werden, aus zweierlei Gründen: Zum einen lässt die unübersehbare Mittelmäßigkeit und Bestechlichkeit der damaligen Gesellschaft diesen Entschluss reifen, zum anderen drängen die meisten seiner Schulkameraden in den geistlichen Stand.

Wie dem auch sei: 1210 tritt Fernando im Alter von 15 Jahren in das Kloster *São Vicente de Fora* ein: Er wird Augustiner-Chorherr. Die Abtei liegt auf einem Hügel über dem Tejo, damals noch außerhalb der Stadtmauer. Nur hier kann er, so glaubt er, seine Vorstellung vom Leben nach dem Evangelium ohne Einschränkungen verwirklichen.

Etwa zwei Jahre bleibt er im Vinzenz-Konvent, dann wird er in das Kloster Santo Antonio Olivares berufen. Die Abtei befindet sich in der damaligen portugiesischen Hauptstadt Coimbra, etwa 230 Kilometer nördlich von Lissabon. Das sind im Mittelalter mindestens sieben Tagesreisen über schlechte und keineswegs sichere Straßen, im Sommer in glühender Hitze.

Historische Ansicht der Hafenstadt am Atlantik: Lissabon kann auf eine 3000-jährige Geschichte mit vielen Eroberern zurückblicken.

Aber Coimbra hat auch große Vorteile: Fernando findet unter den etwa 70 Brüdern die besten Lehrer Portugals vor sowie eine bedeutende Bibliothek. Er kann den Dingen auf den Grund gehen und studiert Humanwissenschaften und Theologie. »Doctor Evangelicus« nennen ihn seine Kommilitonen, weil er so eifrig lernt.

Der junge Mann gibt sich ganz seinen Studien hin, für ihn zählt nur die Arbeit und ihr Sinn: das Evangelium. Selbstdarstellung und jegliche Oberflächlichkeit sind ihm zuwider. Mit 25 sehen auch die Kirchenväter, dass er soweit ist: Er wird zum Priester geweiht, was eigentlich nicht der Kirchennorm entspricht, denn nach der muss der Kandidat mindestens 30 Jahre alt sein. Dann passiert etwas Einschneidendes, was seinem Leben eine neue Wendung gibt. Fernando lernt einige Franzikanerbrüder aus Italien kennen, die auf dem Weg nach Marokko sind, um dort das Evangelium zu predigen. Er ist beeindruckt von ihrem Mut.

Später erfährt er, dass seine Glaubensbrüder vom Sultan enthauptet wurden. Das festigt seinen Entschluss. Nun tritt auch er dem Franziskanerorden bei und aus Fernando wird Bruder Antonius. Auch er möchte jetzt nach Afrika, um die Menschen dort zum christlichen Glauben zu bekehren.

In Marokko wird er so schwer krank, dass er monatelang sein Lager nicht verlassen kann. Danach ist er so schwach, dass er sich in Portugal wieder erholen soll. Aber es kommt alles anders. Das Schiff gerät in einen Sturm, der es an die Küste Siziliens treibt. Und so landet Antonius 1221 in Italien und bleibt dort.

In Assisi trifft er den legendären Franziskus, der ihn – beeindruckt von seiner großen Begabung und Sprachgewandtheit – zum Lehrer der Theologie an die Universität von Bologna beruft. Später lehrt er auch in Montpellier, Toulouse, Arles, Le Puy und Limoges. Die Menschen berichten Wundersames von seinen Predigten, sogar die Fische sollen der Legende nach dem portugiesischen Heiligen andächtig gelauscht haben.

Doch seine Gesundheit ist von den Reisen angegriffen. Am Ende einer langen Predigt bricht Antonius in Padua tot zusammen. Er ist kaum 40 Jahre alt geworden. Elf Monate nach seinem Tod wird er von Papst Gregor IX. im Dom von Spoleto heilig gesprochen. Die Italiener errichten ihm zu Ehren eine Basilika in Padua und erklären ihn ebenfalls zu ihrem Stadtheiligen.

DAS ERDBEBEN ZERSTÖRT SEINE KIRCHE

Auch die Lissabonner errichten für »ihren« Stadtheiligen später eine Kirche. Allerdings erst Jahrhunderte später, nachdem Vasco da Gama den Seeweg nach Indien entdeckt hat. Damals schwelgt die Stadt im Reichtum, der säckeweise in Form des kostbaren Pfeffers aus Indien herbei geschippert wird. Jeden Tag legen im Hafen von Santa Maria de Belém, portugiesisch für Bethlehem, schwer beladene Schiffe aus dem Fernen Osten und später auch aus Brasilien an. Es ist ein »Goldenes Zeitalter«, in dem gebaut und gefeiert wird wie nie zuvor.

Die Lissabonner haben ihrem Stadtheiligen auch ein prächtiges Gotteshaus gebaut, im manuelinisch verschnörkelten Baustil. Es wird am 1. November 1755 von dem großen Erdbeben zerstört. Eine einzige Statue aus der alten Kirche überlebt die Katastrophe. Sie zeigt den Heiligen mit dem Jesuskind auf dem Arm und steht heute in der kleinen Kirche **18** *(▸ H5)* über der Krypta. Genau dort, wo Antonius alias Fernando einst geboren wurde.

In vielen Kirchen und Kapellen Lissabons ist Antonius seither mit einem Kind auf dem Arm zu sehen. In der Rua das Janelas Verdes *(▸ D6)* gibt es ein Restaurant, das in einer ehemaligen Kapelle zu Ehren des Heiligen eingerichtet worden ist. Und auch Antonius ist auf einem blau-weißen Azulejo-Tableau mit einem Kind auf dem Arm dargestellt.

Denn Lissabons Lieblingsheiliger ist ausgesprochen vielseitig und nicht nur der himmlische Ansprechpartner für notorische Schussel und bindungsfreudige Singles, sondern auch für Paare, die auf Nachwuchs warten.

CASTELO DE SÃO JORGE **7** ▶ *H4*
Rua de Santa Cruz do Castelo, Alfama
www.castelodesaojorge.pt
▶ Tram: Castelo

CATEDRAL SÉ PATRIARCAL **8** ▶ *H5*
Largo Santo António da Sé, Alfama
▶ Metro: Rossio, Tram: Largo da Madalena

IGREJA DE SANTO ANTÓNIO DA SÉ **18** ▶ *H5*
Rua das Pedras Negras 1, Alfama
▶ Metro: Rossio, Tram: Largo da Madalena

HENRIQUE DE AVIS

1394–1460

Er wurde als Prinz geboren, der nie Monarch werden konnte. Aber er wurde zum König der Meere. Er wurde der legendäre Heinrich der Seefahrer – und sein Portugal die erste Seemacht in Europa.

Wer verstehen will, was die Lissabonner zur Zeit von Henrique de Avis, den alle Welt als Heinrich den Seefahrer kennt, vom Meer hielten, sollte sich einen stürmischen Tag aussuchen und mit der S-Bahn nach Cascais fahren. Kurz hinter dem ehemaligen Fischerdorf liegt die Boca do Inferno, ein von Atlantikwellen zerfressener Felsen. Hier tost die Brandung schon bei normalem Wetter mit bemerkenswertem Groll, doch an windigen Tagen wüten die Wellen so infernalisch, dass man sich vorstellen kann, welche Höllenschrecken das Meer den Menschen im Mittelalter eingejagt haben muss.

Abgesehen davon, dass den Segelschiffen bei Unwettern auf hoher See ganz reale Gefahren drohten, bot der unerforschte Ozean auch eine ideale Projektionsfläche für den Aberglauben. In seinen Tiefen wurden Dämonen und Meeresungeheuer vermutet. Wer wusste schon, was hinter dem Horizont lag? Vielleicht fiel man am Ende in einen furchtbaren Schlund, wenn man unterwegs nicht von Riesenwellen, Monsterkraken oder Seeschlangen

Henrique de Avis auf dem St. Vincent-Altar von Nuno Gonçalves, der als Heinrich der Seefahrer Portugals Ruhm als Seemacht begründete.

in die Tiefe gerissen wurde? Noch war die Erde in der ptolemäischen Vorstellung der Menschen eine Scheibe.

Durch seine lange Küste im Vergleich zum relativ schmalen Hinterland ist Portugal dem Meer stärker als andere Länder ausgeliefert. Hier ist Europa zu Ende. Von Portugals Küste aus gibt es keinen Halt mehr für das Auge, keine Insel, kein Land, nur den Wind, die heranrollenden Brecher und das große Rätsel der

Das Padrão dos Descobrimentos – Monument der Entdeckungen: ganz vorn Heinrich der Seefahrer mit einer Karavelle auf dem Arm.

Ferne. Was blieb den Portugiesen anderes übrig, als früher oder später dieses Geheimnis zu erkunden?

Henrique sammelt systematisch das Wissen seiner Zeit über alles, was mit dem Meer, der Seefahrt und der Geografie zusammenhängt. Der junge Prinz aus dem Hause de Avis, der am 4. März 1394 in Porto als vierter Sohn von König *João I* und seiner englischen Frau *Philippa of Lancaster* zur Welt kommt, kann nicht damit rechnen, jemals den Thron zu besteigen. Also konzentriert er seinen Tatendrang auf die Erforschung des Ozeans, hat ihm doch der königliche Astrologe Großrabbiner Abraham Guedelha schon bei der Geburt vorausgesagt: *»Saturn und der im elften Haus stehende Mars bestimmen den Prinzen zu großen und edlen Eroberungen, zur Entdeckung des Unbekannten.«*

In seiner systematischen Vorgehensweise und seinem Wissensdrang ist er bereits ein Renaissancemensch. Obwohl er als strenggläubiger Katholik aufwächst und bei seinen Unternehmungen auch von missionarischem Eifer beflügelt wird, verlässt sich der junge Kronprinz nicht allein auf die Kraft des Glaubens.

Im Alter von 21 Jahren begleitet er seinen Vater auf einen Feldzug nach Nordafrika, um dort die arabische Festungsstadt Ceuta einzunehmen. Sie soll den Portugiesen, die zuvor vier Jahrhunderte unter der Herrschaft der Mauren standen, als Brückenkopf gegen ein erneutes Vordringen der Muslime und gleichzeitig als Handelsstation dienen. Für seine kriegerischen Erfolge wird Heinrich zum Herzog von Viseu ernannt.

ER LERNT VON DEN ARABERN

Zunächst interessiert sich Heinrich vor allem für Afrika. Er sammelt alle Informationen über Bodenschätze und Handelsgüter, informiert sich über den Gold-, Elfenbein- und Salzhandel der Karawanen und das geheimnisvolle Königreich Mali. In dessen reicher Metropole Timbuktu haben die Araber mitten in der Wüste eine Bibliothek zusammengetragen, in der damals mehr Wissen über die Welt lagert als in Lissabon. Heinrich kauft alle Karten und nautischen Instrumente, die er finden kann und studiert die Berichte der arabischen Wissenschaftler, die den Europäern damals weit überlegen sind.

Auch die Reisebeschreibungen des Venezianers Marco Polo faszinieren den Prinzen und lassen in ihm den Wunsch keimen, einen eigenen Beitrag zur Erforschung der Welt zu leisten. Wenn es gelänge, einen Wasserweg nach Indien zu finden, könnte Portugal den Venezianern das Handelsmonopol für die Gewürze aus dem Fernen Osten streitig machen. Eine kühne Vision, die allerdings erst nach seinem Tod wahr werden soll.

Doch Henrique ist derjenige, der die Voraussetzungen dafür schafft, dass Portugal als erste europäische Seemacht Geschichte schreiben wird. Sein eiserner Wille treibt das ganze Land an. Er setzt eine Entwicklung in Gang, an deren Ende Europa die ganze Welt als legitime Beute betrachtet und unter sich aufteilen wird.

An der Algarve, deren Gouverneur er ist, schart Dom Henrique im 15. Jahrhundert die besten Astronomen, Astrologen, Kartografen, Mathematiker, Nautiker und Schiffsbauer um sich, unter ihnen auch viele Araber. Sie entwerfen neue und größere Segeltypen und Takelagen, zeichnen Seekarten und studieren die Notizen des muslimischen Forschungsreisenden Ibn Battuta. Sie entwickeln die alten Messinstrumente weiter und erfinden den Sextanten, der ihnen zur Bestimmung der geografischen Breite auf hoher See die Orientierung erleichtern wird.

Inzwischen haben die Portugiesen mit Hilfe der Araber und ihrer Dhaus einen neuen Schiffstyp entwickelt, die Karavelle. Sie ist schneller und manövrierfähiger als andere klobige Boote. Heute staunen die Besucher des Museu de Marinha (Marinemuseum) in Belém darüber, wie klein die Karavellen waren, mit denen sich die Seefahrer auf den stürmischen Atlantik wagten.

Wenn Henrique in Lissabon weilt, dann wohnt er in einem der Paläste seiner Verwandten. Der Prinz lebt sehr zurückgezogen, er scheint auch weder geheiratet noch offiziell Kinder gezeugt zu haben. Auf zeitgenössischen Bildern ähnelt er eher einem Asketen als einem Hochadligen. Auf dem Altar von Nuno Gonçalves im Museu Nacional de Arte Antiga (Museum für alte Kunst) **29** *(▸ D6)* sieht man ihn inmitten einer Menschengruppe: Mit seinem breitrandigen, schwarzen Hut, die Hände zum Gebet gefaltet.

Das Gesicht wirkt ausgezehrt, der Mund zeigt Strenge und Entschlossenheit. Ein Träumer, ein Zweifler, ein Abenteurer. Ein Mann voller Widersprüche, human, kommunikativ auf der einen Seite, auf der anderen ein strenger, kompromissloser Forscher, der sich selbst und anderen gegenüber keine Gnade kennt.

Boca do Inferno in Cascais: Hier brandet der Atlantik gegen die Felsküste – für die Menschen im Mittelalter ein Schreckensbild.

Henrique ist entschlossen, den legendären Seeweg nach Indien zu finden. Doch um dorthin zu gelangen, muss erst der afrikanische Kontinent umschifft werden. Seine Seeleute umsegeln das Kap Bojador an der Nordwestküste Afrikas, das Ende der damals bekannten Welt. Die Inseln von Madeira und den Azoren werden (wieder-)entdeckt. Nach jeder Reise werden die Karten verfeinert. Er selbst wird nie mehr erleben, wie Bartolomeu Dias das Kap der Guten Hoffnung umsegelt und zum Indischen Ozean vorstößt. Und: So sehr er selbst das Meer und die Seefahrt liebt, so wird er sich doch nie selbst an das Steuer einer Karavelle stellen. Als Königssohn ist es für ihn undenkbar, sich an Bord eines voll gepferchten Schiffs unter die Besatzung zu mischen.

Unzählige Schiffe bleiben damals für immer auf dem Meer. Viele Kapitäne überleben ihren Ruhm als Entdecker oft nur bis zur nächsten Fahrt. Es gibt keine Gewissheit, jemals irgendwo hin und wieder zurück zu kommen. Jeder Zweite bleibt verschollen. Es gibt auch keine genauen Vorstellungen vom Ziel. Nichts kann man präzise vorausberechnen, weder die Route noch das Wetter.

1960 wird zur Feier des 500. Todestag von Henrique am Ufer des Tejo das monumentale Denkmal der Entdeckungen errichtet – das Padrão dos Descobrimentos. Dort steht er wie ein Kapitän am Bug seines Schiffes, hinter ihm die Garde seiner Seeleute. Mit heroischem Gestus demonstriert das Denkmal die Bedeutung der Seefahrt für Portugal.

Als es in Belém feierlich enthüllt wird, reagieren nicht alle mit uneingeschränkter Bewunderung. So mancher Lissabonner reibt sich verblüfft die Augen. Was hält der Seefahrer denn da in seiner Hand? Ein Spielzeug? Viele Bürger spotten über die Darstellung der Karavelle en miniature, die der hochverehrte Prinz wie ein putziges Reisemitbringsel in der Hand hält.

Heinrich stirbt am 13. November 1460 in Sagres an der Algarve-Küste. Er wird in der Grablege der königlichen Eltern und Verwandten im Kloster Batalha etwa 100 Kilometer nördlich der Hauptstadt beigesetzt, doch sein Vermächtnis ist wie ein Gen in das melancholische Lebensgefühl der Menschen an der Tejomündung übergegangen.

DAS MARITIME GEFÜHL LIEGT IN DEN GENEN

Wie tief verwurzelt in Lissabon die Verbundenheit mit dem Atlantik und Henriques maritimer Leidenschaft ist, zeigt sich nicht nur am Hafen, sondern auch im sahneweißen Kopfsteinpflaster der Stadt. An vielen Stellen der Altstadt ist das Pflaster mit einem schwarzen Mosaik von Symbolen des Meeres und der Seefahrt verziert. Auf dem Rossio-Platz schwimmen schwarze Wellen im weißen Kalk, und viele Straßenlaternen in der Altstadt werden von gusseisernen Karavellen gekrönt.

In den 1990er-Jahren versinken die Mythen der Seefahrt sogar tief in den Untergrund. Als die Metro neue Stationen eröffnet, wird die Haltestelle Parque **24** *(▸ F1)* Heinrich dem Seefahrer gewidmet. Die Künstlerinnen Françoise Schein und Federica Matta haben die ganze Röhre als Kosmos der Entdeckungen dekoriert: Uralte Landkarten, fremde Schriften und Zitate von Philosophen zieren Wände und Decken.

Lissabon und das Meer – eine inspirierende Liaison. Der Schriftsteller *José Cardoso Pires* sieht seine Heimatstadt als »Stadtschiff« und leitet sein poetisches »Lissabonner Logbuch« mit folgender Hommage ein: *»Immer wenn ich das Gefühl habe, die Welt zu umfassen, hoch oben auf einem Aussichtspunkt oder einer Wolke sitzend, sehe ich dich als Stadtschiff, als ein Boot mit Straßen und Gärten, und selbst die Brise, die darin weht, schmeckt salzig.«*

METROSTATION PARQUE
(HENRIQUE-DARSTELLUNGEN) **24** ▶ *F1*
Avenida António Auguste de Aguiar, Parque
▶ Metro: Parque

MUSEU DE MARINHA (IM HIERONYMUSKLOSTER)
Praça do Império, Belém
http://museu.marinha.pt
▶ Tram: Belém-Jerónimos

MUSEU NACIONAL DE ARTE ANTIGA **29** ▶ *D6*
Rua das Janelas Verdes, Lapa
www.museudearteantiga.pt
▶ Tram: Santos-o-Velho

PADRÃO DOS DESCOBRIMENTOS (HENRIQUE-DENKMAL)
Avenida Brasília, Belém
▶ Tram: Centro Cultural de Belém

MANUEL I

1469–1521

Unter der Herrschaft dieses bedeutenden Königs von Portugal entwickelt sich Lissabon zur glanzvollsten Metropole von Europa – was noch heute zu sehen ist. Dabei spielt ein Nashorn eine besondere Rolle …

Im Januar 1515 geht in Indien ein Nashorn an Bord eines portugiesischen Segelschiffes. Lissabons Vizekönig *Afonso de Albuquerque* hat es von einem Sultan ersteigert. Jetzt will er das schwergewichtige Präsent seinem Monarchen zukommen lassen. Vier Monate schippert die »Nossa Senhora da Ajuda« über den Indischen, dann über den Atlantischen Ozean. Am 20. Mai läuft das Schiff in den Hafen von Belém ein, das Rhinozeros betritt noch etwas wackelig auf den Beinen europäischen Boden. König Manuel I empfängt den Dickhäuter mit gebührender Neugier und lässt ihn zu seiner Menagerie in den Ribeira-Palast bringen.

In Lissabon macht die Nachricht von der Ankunft des exotischen Kolosses sofort die Runde. Die Menschen bestaunen seinen faltigen Panzer, seine schiere Größe, sein spitzes Horn. Zwar geistern ähnlich aussehende Fabelwesen schon lange durch die Märchen und Mythen, doch nur wenige Europäer wissen, dass es tatsächlich Einhörner gibt, und dass im 3. Jahrhundert die alten Römer schon solche Tiere gehalten hatten.

Ein Holzschnitt von König Manuel I ziert das Titelblatt des »Mundus Novus«, einem Reisebericht von Amerigo Vespucci um 1502.

Es sind aufregende Zeiten in Lissabon. Gerade erst haben sich die Bürger an den Anblick von indischen Elefanten gewöhnt. Seit kurzem strömen sie sonntags in Scharen zusammen, um ihrem König zuzujubeln, wenn er auf seinem Elefanten Hanno zur Messe reitet. Ein eindrucksvolles Schauspiel, wie Manuel I oben auf dem breiten grauen Rücken thront und sich majestätisch über das Kopfsteinpflaster zur Kathedrale schaukeln lässt!

Die Aussichtsplattform des Torre de Belém. Das Wahrzeichen von Lissabon bietet einen grandiosen Blick auf den Tejo.

Jeden Tag passiert in der Stadt am Tejo etwas Neues. Im Hafen ankern Schiffe und laden Gold, Elfenbein und exotische Gewürze aus. Wer es sich leisten kann, würzt seine Speisen mit Pfeffer, Nelken und Kardamon. Die Pastéis de Nata, die Cremetörtchen aus der Klosterbäckerei von Belém, werden nun mit Zimt bestreut – eine Delikatesse, die noch heute zu den kulinarischen Attraktionen der Stadt gehört, auch wenn sich das Originalrezept etwas gewandelt hat. Man genießt das Blätterteiggebäck mit einer Füllung aus Eigelb, Zucker und Sahne am besten in der ehrwürdigen Casa de Pastéis de Belém, einem Kaffeehaus von 1837.

Zurück ins 16. Jahrhundert: Überall in der Stadt wird gebaut. Vor der Hafeneinfahrt in Belém türmen die Arbeiter mitten im Tejo die Quader für die Festung *Torre de Belém* aufeinander. Jetzt können die Steinmetze ein neues Motiv in ihr Repertoire aufnehmen, denn Manuel I lässt das Nashorn in Stein meißeln. Schon bald ziert das Rhinozeros neben anderen Tiergestalten wie Widder, Löwen und Delfinen den Westturm. Das trutzige Fort liegt damals noch in der Mitte des Flusses. So kommt hier jeder vorbei, der in den Hafen einfährt und erkennt auf den ersten Blick, was für eine mächtige und reiche Stadt Lissabon ist.

Heute steht der berühmte Turm, das Wahrzeichen von Lissabon, zumindest bei Ebbe auf dem Trockenen. Der Mündungstrichter des Tejo wurde im 19. Jahrhundert durch Aufschüttungen des nördlichen Ufers schmaler. Die oberste Etage des 35 Meter hohen UNESCO-Weltkulturerbes dient als Aussichtsplattform.

DER GLÜCKLICHE KÖNIG

Die Regierungszeit von König Manuel I, der unter dem Beinamen O Venturoso, der Glückliche, in die Geschichtsbücher eingeht, wird als goldenes Zeitalter gesehen. Manuel hat das Glück, zur richtigen Zeit am richtigen Ort zu sein. Als der Herzog von Beja und Viseu im Alter von 26 Jahren unverhofft auf den Thron gelangt, hat er das dem tödlichen Reitunfall des Kronprinzen zu verdanken sowie der glücklichen Fügung, dass seine Schwester *Eleonore* mit seinem Vorgänger König *João II* verheiratet ist.

Sein Schwager hat gute Vorarbeit geleistet, denn er konnte auf den Forschungen von *Heinrich dem Seefahrer* aufbauen. Unter João II hatte Bartolomeu Dias zum ersten Mal das Kap der Guten Hoffnung an der Südspitze von Afrika umrundet. Manuel I muss jetzt nur noch das Werk seines Vorgängers fortsetzten.

Vasco da Gama, den er seit seiner Kindheit kennt, entdeckt den Seeweg nach Indien und *Pedro Álvares Cabral* aus Versehen Brasilien – für Portugal beginnt das Goldene Zeitalter. Bald ist Manuel I der reichste Monarch seiner Zeit. Seine Profite übertreffen alles bisher Dagewesene. Der kostbare Pfeffer, dessen Schärfe die Speisen konserviert, bringt der Krone das Vierzigfache des

Einkaufspreises ein. Auch das Monopol für Gewürznelken haben die Portugiesen arabischen Kaufleuten und den Venezianern abgeluchst. Viel Geld fließt auch aus dem Geschäft mit afrikanischen Sklaven nach Portugal. Aus der neuen Kolonie Brasilien kommen Gold, Edelsteine und weitere Bodenschätze nach Lissabon. Die Stadt blüht auf – und kreiert einen neuen Baustil. Die nach dem König benannte Manuelinik ist eine Hommage an die Seefahrt.

Wer sich die manuelinischen Bauten ansieht, meint noch heute das Salz des Meeres und den Tang zu riechen und das Zerren des Windes in der Takelage zu spüren. Neben maritimen Symbolen bevölkern fantasievolle Fabelwesen sowie nautische und astronomische Instrumente die Bauten. Da umschlingen steinerne Schiffstaue ganze Bauwerke wie den *Turm von Belém*, sie winden sich um Portale und Säulen und verknoten sich unter Fenstern. An den Wänden kleben Korallen und Muscheln.

König Manuel I holt auch die Mönche des Hieronymus-Ordens nach Lissabon und errichtet das *Mosteiro dos Jerónimos* (Hieronymuskloster in Belém), das prächtigste Projekt des neuen Baustils. Auch heutige Besucher können sich dem Zauber der märchenhaften, weißgrauen Kalkstein-Fassade nicht verschließen. Die Abtei entsteht auf dem Boden jener Kapelle, in der Seefahrer Vasco da Gama vor seiner Reise gebetet hatte. Im Westportal der Klosterkirche kniet ein in Stein gemeißelter König Manuel I, flankiert vom heiligen Hieronymus und seiner zweiten Frau *Maria de Aragão e Castela*. In den beiden Seitenflügeln sind heute das Marine-Museum sowie ein bedeutendes Archäologisches Museum untergebracht.

Auch der *Palácio Nacional de Sintra*, der Königspalast von Sintra, entsteht in dieser Zeit. Hier, 25 Kilometer westlich von Lissabon, verbringen die Herrscher ihre Sommerfrische. Das manuelinische Königsschloss sollte allerdings nicht mit dem verrückt

Der Palácio Nacional de Sintra: Hier hatten die portugiesischen Könige ihre Sommerresidenz an der Atlantikküste.

verspielten Palácio Nacional da Pena (»Kummerpalast«) verwechselt werden, einer Art portugiesischem Neuschwanstein, das erst im 19. Jahrhundert gebaut wurde.

König Manuel I hat aber auch Probleme. Er will sich das Wohlwollen von Papst *Leo X.* bei der Auslegung des Vertrags von Tordesillas sichern. Dieses Abkommen regelt seit 1494 die Aufteilung des neu entdeckten amerikanischen Kontinents zwischen den rivalisierenden Kolonialmächten Portugal und Spanien. Der Vertrag geht zurück auf Christoph Kolumbus, den Entdecker Amerikas, der zunächst in Lissabon gelebt und gedient hat. Kolumbus bietet Manuels Vorgänger König João II seine Dienste an und erklärt ihm, er könne Indien erreichen, wenn er geradewegs gen Westen segle. Die Portugiesen wissen es besser – was sie allerdings später bitter bereuen sollten. Denn sie lehnen den Plan des gebürtigen Genuesers als absurd ab und verweisen darauf, dass Indien im Osten liegt. Kolumbus heuert bei der spanischen Krone an und segelt schließlich im Auftrag Madrids gen Amerika.

Als er bei seiner Rückreise im März 1493 den Lissabonner Hafen anläuft und seine Entdeckung bekannt wird, erhebt João II Anspruch auf die neuen Gebiete. Schließlich lägen sie südlich der Kanarischen Inseln und gehörten damit vertragsgemäß zu Lissabon. Er sendet eine entsprechende Depesche an den Hof in Madrid und rasselt bereits vernehmlich mit dem Säbel.

Um einen Krieg zu vermeiden, bitten die Spanier Papst Alexander VI. um Vermittlung. So kommt 1494 der Vertrag von Tordesillas zustande: Er trennt die Erde nach einer Meridianlinie, die 1000 Seemeilen westlich der Kapverden verläuft. Der östliche Teil soll Portugal zufallen, der westliche Spanien. Der Friede zwischen den beiden Nachbarn ist erst einmal gesichert.

EIN NASHORN FÜR DEN PAPST

Nun steht eine neue Demarkationslinie in Ostasien zur Diskussion, und Manuel will sich den Nachfolger von Papst Alexander VI. mit einem großzügigen Geschenk gewogen machen. Bereits im März 1514 schickt er Leo X. seinen Elefanten Hanno. Und im Dezember 1515 soll als Ergänzung das Nashorn nach Rom gebracht werden. Bevor es an Bord geht, wird das bedauernswerte Geschöpf mit einem goldverzierten Samtkragen geschmückt. In Marseille legt das Schiff an, der französische König will das Tier sehen. Danach gerät die Karavelle in einen Sturm und zerschellt an der ligurischen Küste. Das Nashorn ertrinkt, sein Kadaver wird ans Ufer gespült und zurück nach Lissabon geschickt. Dort stopft man es mit Stroh aus und schickt das Tierpräparat erneut nach Rom; diesmal kommt es an. Später wird es von Albrecht Dürer gezeichnet. Obwohl der Nürnberger Maler das Tier nie selbst zu Gesicht bekommt, gerät sein berühmter Holzstich erstaunlich lebensnah.

Manuel I hält in Lissabon in seinem heute nicht mehr existierenden Palast am Ufer des Tejo, der beim Erdbeben von 1755 zerstört wurde, prachtvoll Hof. Er ist ein umgänglicher und gebildeter Herrscher, sein Volk liebt ihn. Er reformiert Steuerwesen und Verwaltung. Anfangs gewährt er den verfolgten Juden während der Inquisition noch Schutz. Doch unter dem Druck seiner drei spanischen Ehefrauen, die allesamt dem überaus strengen katholischen Königshaus des Nachbarlandes entstammen, lässt er später diejenigen ausweisen, die sich nicht taufen lassen wollen. Tausende von Juden konvertieren in dieser Zeit, dennoch kommt es 1504 und 1506 in Lissabon zu Pogromen gegen die Cristãos Novos, die Neuchristen – ein schwerer Schatten auf der glanzvollen Politik des wohl bedeutendsten portugiesischen Königs, der im Dezember 1521 starb und im *Mosteiro dos Jerónimos* beigesetzt wurde.

CASA DE PASTÉIS DE BELÉM
Rua Belém 84-92, Belém
www.pasteisdebelem.pt
▶ Tram: Belém-Jerónimos

MOSTEIRO DOS JERÓNIMOS (HIERONYMUSKLOSTER)
Praça do Império, Belém
www.mosteirojeronimos.pt
▶ Tram: Belém-Jerónimos

TORRE DE BELÉM
Avenida Brasília, Belém
www.torrebelem.pt
▶ Tram: Pedrouças

PALÁCIO NACIONAL DE SINTRA
Largo Rainha Dona Amélia
Sintra, 25 km westlich von Lissabon
▶ S-Bahn: Sintra

VASCO DA GAMA

1469–1524

Von Lissabon aus entdeckte er den Seeweg nach Indien. Damit begann alles, was die Portugiesen unter Größe, Glanz und Glorie verstehen. Und nicht immer ging es dabei vornehm zu.

In der Antarktis werden gerade die Pinguine gefüttert. Es riecht nach Jod und Salz, der ganzen Welt des Atlantiks. Nebenan im Pazifik herrscht bereits Siesta; mit vollem Bauch lassen sich die Seeotter auf dem Rücken liegend durchs Wasser treiben, die Pfoten ans Maul gedrückt. Das Oceanário im Parque das Nações veranschaulicht auf zwei Etagen das Leben in den verschiedenen Biotopen der Ozeane. Das Aquarium mit seinen 8000 Meeresbewohnern und sieben Millionen Litern Meerwasser ist ein Erbe der Expo, die 1998 zum 500-jährigen Jubiläum von Vasco da Gamas Indienreise gefeiert wurde. Die auf das Thema Seefahrt ausgerichtete Weltausstellung beschert der damals noch recht verschlafenen Hafenstadt einen gewaltigen Aufschwung. Die Metro wurde um eine neue Linie ergänzt und am Osthafen ein neues Stadtviertel aus dem Boden gestampft.

Auf dem weitläufigen Areal ist rund um die Uhr was los. Die nach Vasco da Gama benannte gläserne Shoppingmall hat sogar sonntags geöffnet. Ein Kanal plätschert durch das Gelände,

Eine Darstellung Vasco da Gamas. Er entdeckte als erster Europäer den Seeweg um das Kap der guten Hoffnung nach Indien.

auf den Bänken sitzen abends Liebespaare und träumen in den Sonnenuntergang, während die Fischer ein paar Meter weiter zappelnde Aale aus dem Tejo ziehen. Über den Fluss, hier ein breites Becken, spannt sich weiter östlich die *Ponte Vasco da Gama*, eine 17 Kilometer lange, imposante Hängekonstruktion.

Kein Seefahrer vor und keiner nach ihm ist so glorifiziert worden wie Vasco da Gama. Inzwischen ist die Legendenbildung

Die Armada der Schiffsexpedition des Entdeckers Vasco da Gama um 1497.

etwas abgeklungen, das glanzvolle Bild des Seehelden hat Kratzer bekommen. Er sei nicht mal ein richtiger Kapitän gewesen, sondern nur ein machthungriger Unterhändler des Königs, heißt es.

In der ehemaligen indischen Kolonie Goa nahmen wütende Demonstranten die 500-Jahr-Feier zum Anlass, auf seine Gewalttaten hinzuweisen. Vasco da Gama sei ein gnadenloser Ausbeuter und rachsüchtiger Pirat gewesen. Der englische Historiker Martin Page stellt in seinem Besteller »The First Global Village« sogar die These auf, Vasco da Gama sei gar nicht als erster Europäer nach Indien gesegelt, diese Route sei längst bekannt gewesen. Eine provozierende Ansicht, die in Portugal kontrovers diskutiert wird. Dass Vasco da Gama am Ende selbst seine eigene Vergangenheit kritisch gesehen haben muss, belegt folgendes Zitat: »Ich bin nicht wer ich war, und ich will es nie wieder sein.«

Dass Vasco da Gama dennoch einen entscheidenden Beitrag zur portugiesischen National- und darüber hinaus zur europäischen Kolonialgeschichte geliefert hat, ist unbestritten. Und dass er mit seiner Reise den Grundstock für die fernöstlichen Kolonien Portugals und seinen Aufstieg zur Weltmacht gelegt hat, ebenso. Als der Sohn eines Provinzgouverneurs um 1469 in Sines, einer kleinen Hafenstadt an der Alentejo-Küste südlich von Lissabon, geboren wird, sucht Portugal mit aller Macht nach einem Seeweg nach Indien. Die Vorarbeit hat Heinrich der Seefahrer bereits geleistet. Doch erst 27 Jahre nach dessen Tod gelingt es Bartolomeo Dias, um Afrika herum zu segeln und damit die erste entscheidende Etappe zurückzulegen. Dias passiert 1487 das gefährliche Kap der Guten Hoffnung. Dennoch beauftragt König *Manuel I* zehn Jahre später nicht den erfahrenen Dias mit einer erneuten Expedition, sondern Vasco da Gama.

VIER SCHIFFE BRECHEN AUF

Der junge Patrizier da Gama gilt als vertrauenswürdiger Mann, der schon in der königlichen Flotte an der Algarve gedient hat. Zeitgenossen beschreiben ihn als tapfer, mutig, durchsetzungsstark und aggressiv. Seine Flotte besteht aus vier Schiffen, das Hauptschiff »São Gabriel« befehligt er selbst. Auch sein Bruder *Paulo* steuert eine der Karavellen. Ein weiteres Schiff ist mit Lebensmitteln gefüllt, die für drei Jahre reichen sollen. Es ist mit Brot und Wein, Reis, Käse, Rind- und Schweinefleisch sowie Stockfisch (Bacalhau) beladen.

Die Crew besteht aus gut 170 Männern, von denen kaum mehr als 100 in die Heimat zurückkehren werden, die meisten sterben unterwegs an Skorbut. Auch ein Priester ist an Bord, um den Kranken den letzten Trost zu spenden und die Ungläubigen zur Lehre Christi zu bekehren.

Vor dem Auslaufen schwört der König seinen Kapitän noch einmal auf die Mission ein: Vasco da Gama soll der portugiesischen Krone die Handelsrechte für die begehrten Gewürze sichern. Der Seefahrer kniet vor seinem König nieder, ein silbernes Banner mit dem Kreuz Jesu im Arm, und schwört seinem Herrscher die ewige Treue. Am Abend speisen die beiden zusammen, danach verbringen Vasco da Gama und seine Männer die Nacht in der *Kapelle von Belém* am Tejoufer – genau dort, wo später das Hieronymuskloster errichtet wird.

Nach einer Messe am nächsten Morgen begeben sie sich zum Hafen. Tausende von Schaulustigen säumen das Ufer. Als die Männer bei ihren Karavellen ankommen, segnet sie der Pfarrer von Belém und gibt ihnen auch den päpstlichen Segen für diejenigen mit auf den Weg, welche die Reise nicht überleben werden.

Am späten Vormittag des 8. Juli 1497 segelt die Flotte aus der Tejomündung hinaus auf den Atlantik. Vasco da Gama läuft zunächst die Kapverdeninsel Santiago an und nimmt dann Kurs nach Südosten. Danach ziehen sich die Tage auf See lange hin. Ab und zu sehen sie einen Wal, danach wieder nichts als Wasser und Wellen bis zum Horizont.

Dann endlich, nach mehr als drei Monaten, ist ein Stück Afrika in Sicht. Vasco da Gama lässt die Flotte an einer breiten Bucht ankern. Die Portugiesen taufen sie Sankt-Helena-Bucht und versorgen sich mit frischem Holz. Sie treffen auf die ersten Eingeborenen, nehmen einen von ihnen mit aufs Schiff, versorgen ihn mit Essen und lassen ihn wieder frei. Zunächst verlaufen die Kontakte freundlich, doch dann wird einer der Portugiesen mit einem Pfeil angeschossen und schafft es gerade noch, sich an Bord zu retten. Portugals Nationaldichter Luís Vaz de Camões beschreibt diese Szene ein halbes Jahrhundert später in seinen »Lusiaden«.

Nach der Umrundung des Kaps der Guten Hoffnung tauscht Vasco da Gama mit den Küstenbewohnern Glocken gegen Elfenbein ein und kauft ihnen einen Ochsen ab. Man verabschiedet sich freundlich, die Afrikaner tanzen am Strand, die Seeleute an Bord, wie ein Mitreisender berichtet. Beim Auslaufen sehen die Matrosen, wie die Eingeborenen das Kreuz und die Fahne der Portugiesen wieder aus dem Sand reißen.

Ponte Vasco da Gama: Die längste Hängebrücke Europas führt über das 17 Kilometer breite Tejobecken im Osten der Stadt.

Vasco da Gama erreicht nach Weihnachten die ostafrikanische Küste und stellt in Mosambik erfreut fest, dass er auf dem richtigen Weg ist. Im Hafen liegen Schiffe, die beladen sind mit Schätzen aus dem Orient. Die Händler sind »weiße Mauren«, Perser oder Araber, die ebenso wie die Schwarzen einen Turban tragen. Zunächst verlaufen die Kontakte mit den Bewohnern freundlich, doch als diese merken, dass die Fremden keine Anhänger des Hindu-Gottes Krishna, sondern Christen sind, gibt es Ärger.

Einen ganzen Monat ankern die Portugiesen an der ostafrikanischen Küste bei Malindi, um ihre Schiffe zu überholen. Der Sultan stellt da Gama einen Lotsen für die Überfahrt nach Indien zur Verfügung. Und dann ist es endlich so weit: Vasco da Gama landet am 20. Mai 1498 bei Calicut an der indischen Malabarküste.

Drei Monate verhandelt er mit dem hinduistischen Zamorin, dem Herrscher der See, der den Abgesandten aus Portugal zunächst mit allen Ehren in seinem Palast empfängt, sich später aber über dessen klägliche Gastgeschenke beschwert. Kein arabischer Händler würde es wagen, mit so einem Plunder – ein bisschen Stoff, ein paar Hüten, Korallenketten, Honig und Olivenöl – vor einen König zu treten, muss sich da Gama anhören. Er rettet die Situation, indem er verspricht, der König von Portugal werde das Gold später nachreichen. Nach einigem Hin und Her gelingt es ihm, seine Laderäume mit Gewürzen zu füllen.

Am 29. August 1498 sticht seine Flotte wieder in See. In einem Sturm geht unterwegs ein Schiff verloren, später stirbt sein Bruder Paulo auf den Azoren, wohin ihn Vasco zur Genesung gebracht hat. Im September 1499, etwa zwei Jahre nach seinem Aufbruch, läuft Vasco da Gama wieder im Lissabonner Hafen ein. Er wird triumphal empfangen und vom König mit Ehrentiteln ausgestattet.

Die Portugiesen rüsten sofort zur nächsten Indien-Fahrt. 13 Schiffe verlassen unter der Leitung von Pedro Álvares Cabral 1500 den Heimathafen. Aus Versehen schlägt Cabral einen zu starken südwestlichen Kurs ein und stolpert damit gleichsam über Brasilien, das Portugals profitabelste Kolonie wird.

TOD IM FERNEN INDIEN

Vasco da Gama reist 1502 zum zweiten Mal mit 21 schwer bewaffneten Schiffen nach Indien. Dort spielt er die rivalisierenden Fürsten gegeneinander aus und gründet 1503 in Cochin im heutigen Kerala eine Festung. Mit seiner überlegenen Flotte im Rücken, setzt er alles ein, um den Arabern das Handelsmonopol abzujagen und schreckt dabei auch vor Gewalt und erzwungenen Verträgen nicht zurück. Fünfmal wird Calicut überfallen, bevor die Portugiesen das Handelsmonopol erhalten.

Zurück in Portugal, wird Gama, der inzwischen die adelige *Catarina de Ataide* geheiratet und mit ihr sieben Kinder hat, zum

Grafen von Vidigueira ernannt. Er ist nun Mitglied des Hochadels und erhält eine jährliche Apanage. Fünf Jahre später schickt ihn Manuels Nachfolger König *João III* zum dritten Mal nach Indien, um dort als Vizekönig gegen Misswirtschaft und Korruption vorzugehen. Drei Monate nach seiner Ankunft stirbt Vasco da Gama am Weihnachtstag 1524 in Cochin an einer Infektion.

Er wird im örtlichen Kloster des Heiligen Antonius beigesetzt und 14 Jahre später von seinem Sohn *Pedro da Silva da Gama* in die Heimat überführt. Fast 350 Jahre liegen die Gebeine in einem Klostergrab in Vidigueira. Dann findet er 1880 seine letzte Ruhe in einem Ehrengrab im *Mosteiro de Jerónimos*.

Vor dem pompösen Grabmal von Vasco da Gama verharren die Menschen immer noch in stummem Respekt. Manche Besucher legen Blumen nieder. Dann gehen sie weiter ins benachbarte Marine-Museum, wo der Nachbau des Da-Gama-Flaggschiffs »São Gabriel« steht. Und im *Museu do Oriente* **28** *(▸C6)* wird seine Entdeckung des Seeweges nach Indien nachgezeichnet und dokumentiert. Stationen einer Größe, von der heute wieder viele träumen.

MUSEU DO ORIENTE **28** ▶ *C6*
Avenida Brasília, Doca de Alcântara (Norte)
www.museudooriente.pt
▶ S-Bahn: Alcântara-Mar

OCEANÁRIO DE LISBOA
Parque das Nações, Esplanada D. Carlos I, Doca dos Olivais
www.oceanario.pt
▶ Bus: Ocenário de Lisboa, Metro: Oriente

PONTE VASCO DA GAMA
A 12 zwischen Moscavide und Sacavém
▶ Metro: Moscavide, S-Bahn: Moscavide

LUÍS VAZ DE CAMÕES

1524–1580

Der Nationaldichter besang die großen und blutigen Taten der portugiesischen Seefahrer und Könige. Das machte ihn selbst zum überragenden Helden der Literatur. Begegnung mit einem Mythos.

Die Lissabonner lieben die Poesie, und sie lieben das Nachtleben. Wie das zusammenpasst? Großartig, bei einer Seefahrernation wie Portugal! Schließlich wird in den Hafenspelunken seit jeher nicht nur Wein und Schnaps ausgeschenkt, sondern auch jede Menge Seemannsgarn gesponnen. Mit jedem Schluck werden die Heldentaten auf der stürmischen See des eigenen Lebens größer und fantastischer ausgeschmückt.

Keiner verkörpert diese Liaison von poetischer Wortgewalt und großer, weiter Welt besser als Portugals Nationaldichter Luís Vaz de Camões. In seinen Epen besingt er die Indienreise von Vasco da Gama mit dem Erfahrungsschatz eines Mannes, der selbst auf den Ozeanen herumgekommen ist. Noch heute tragen Flugzeuge der portugiesischen Fluglinie TAP seinen Namen.

Sein Hauptwerk »Die Lusiaden« setzt der Epoche der portugiesischen Eroberungen ein monumentales literarisches Denkmal. Mehr als 20 Jahre lang nimmt der Dichter an den überseeischen Kriegs- und Beutezügen der Portugiesen teil. Die ersten Zeilen

Gemälde des portugiesischen Nationaldichters Luís Vaz de Camões: Bei der Schlacht von Ceuta verlor er ein Auge.

der »Lusiaden« beginnt Camões im Fernen Osten zu schreiben, wohin ihn der portugiesische Hof strafversetzt hat.

Er ist der erste portugiesische Autor von Weltrang, und alle Schulkinder im Land lernen die wichtigsten Strophen der Heldensaga »Os Lusíadas« auswendig. Trotzdem verdreht heute kein Portugiese gequält die Augen, wenn der Name Camões fällt. Im Gegenteil. Erstens verhilft er ihnen am 10. Juni, dem Todestag des

Darstellung von Camões-Dramen auf Azulejos-Kacheln in der Lissabonner Metrostation Saldanha.

Dichters, zu einem willkommenen Nationalfeiertag. Zweitens fällt es wirklich schwer, einen Poeten nicht zu akzeptieren, der Zeilen schreibt wie:

> *»Zerrinnen lass ich die gequälte Zeit*
> *und streue meine Sehnsucht ohne Ende*
> *am Meeresufer hin in Einsamkeit …«*

So elegisch und schön traurig hat vier Jahrhunderte später nur noch Fernando Pessoa die »Saudade«, die portugiesische Ausprägung des Weltschmerzes, in Worte gefasst.

Die Lissabonner haben ihrem poetischen Haudegen daher einen der schönsten Plätze ihrer Altstadt gewidmet. Im Bairro Alto steht Camões lorbeerumkränzt auf einem vier Meter hohen Sockel **4** *(▸ G 5)*, umringt von zeitgenössischen Prominenten wie dem Mathematiker Pedro Nunes oder dem Dichter und Flottenkapitän Jerónimo Corte-Real, und schaut auf das quirlige Treiben auf seinem Platz. Dass ihm in der Schlacht um Ceuta ein Auge ausgeschlagen wurde, kann man von unten nicht erkennen.

Tagsüber gehört der Largo de Camões den Flaneuren, die sich auf den Stühlen am dunkelgrünen Pickelhauben-Kiosk ausruhen, einen Kaffee trinken, Zeitung lesen oder schauen, was und wer so vorbeiläuft. Nach dem Ladenschluss der umliegenden Boutiquen, Schuh- und Porzellangeschäfte stellen viele Passanten unter dem Dichterdenkmal ihre Einkaufstüten ab und lassen sich auf den Stufen nieder. Nach dem Dinner kommen vor allem die einheimischen Nachtschwärmer, um von diesem zentralen Treffpunkt aus ins Nachtleben abzutauchen.

EIN ABENTEURER MIT DER FEDER

Auch der nette Portier des genial platzierten Hotel do Bairro Alto oben an der Praça de Camões hat ein Faible für den Dichter. Er mag ihn sogar lieber als Fernando Pessoa, Lissabons Lieblingsdichter späterer Epochen. »*Der eine ist losgeschippert und hat seine Abenteuer besungen, der andere ist hiergeblieben und hat seine Frauengeschichten hinter seinen Heteronymen versteckt*«, sagt er.

»*Luís Vaz de Camões wurde geboren, als das portugiesische Weltreich im Begriff stand, sein höchstes Ausmaß zu erreichen, und die ersten Anzeichen des beginnenden Verfalls nach außen hin sich offenbarten. Das Leben des Dichters blieb während seiner ganzen Dauer verschlungen in den letzten Anstrengungen, die Kolonialwelt zusammenzuhalten, und in den Zerfall des Mutterlandes, das, innerlich zerfetzt, seine Selbstständigkeit verlor. Als dieses Ende seines Vaterlandes 1580 eintrat, endete auch das Leben Camões. Auf das Epithaphion wurde unter seinen Namen gesetzt: Der Fürst der Poeten seiner Zeit. Er lebte in Armut und starb ebenso*«, schreibt der Historiker Friedrich Häuser über Camões Leben und Werk.

Ein Blick auf die Praça Luís Camões mit dem Denkmal des Dichters im Stadtviertel Bairro Alto.

Camões Geburtsort ist umstritten, er wird in Lissabon, Coimbra oder Santarem verortet, je nachdem, welchem Chronisten man vertraut. Als gesichert gilt, dass der Poet aus dem verarmten Adel stammt. Vermutlich studiert er in Coimbra und schreibt seine ersten Verse noch in der Tradition des Minnesangs. Sie werden am Lissabonner Hof zunächst nicht besonders geschätzt. Man verübelt es dem jungen Dichter, dass sich einer seiner Vorfahren in einem politischen Konflikt auf die falsche Seite gestellt hatte. Möglicherweise kommt ihm auch eine Affäre mit einer der Hofdamen der Königin in die Quere.

Camões muss Lissabon verlassen und tritt in die Armee ein. Bei einem Gefecht gegen die Mauren verliert er in Nordafrika sein rechtes Auge – und später in Lissabon nach einer Prügelei mit einem Offizier auch seine Freiheit. Er kommt ins Gefängnis und wird zu militärischem Zwangsdienst in Übersee verurteilt.

Camões landet an der Westküste Indiens in der Kolonie Goa, nimmt im Indischen Ozean an einer Seeschlacht teil, überwirft sich mit dem indo-portugiesischen Vizekönig und zieht weiter nach Macao. Vermutlich fängt er in der chinesischen Kolonie an, die ersten Zeilen der »Lusiaden« zu schreiben. Portugals Vizekönig beordert ihn zurück nach Goa und von dort aus nach Lissabon. Auf der Seereise nach Portugal gerät sein Schiff in einen Sturm. Camões kann gerade noch das Manuskript retten und landet 1570 wieder in Lissabon, wo er 1572 »Os Lusíadas« veröffentlicht.

Im Stil der klassischen Epen und unter zahlreichen Rückgriffen auf die griechische und römische Mythologie schildert Camões darin Vasco da Gamas mühevolle Seereise nach Indien und dessen Landung in Calicut. Er verwebt in seinem Epos die portugiesische Geschichte und nimmt dabei auch Bezug auf Odysseus. Für dieses Werk findet der Dichter endlich Anerkennung.

Inzwischen hat der neue, blutjunge König *Sebastião I* das Zepter in der Hand. Er verschafft Camões eine Position bei Hof, vergisst jedoch immer öfter, seinen Hofdichter auch zu bezahlen. Trotzdem hält Camões dem Herrscher dichterisch die Treue und findet in dessen tragischem Ende 1578 in Marokko auch den Stoff für sein zweites großes Thema: der Legende von König Sebastião.

Sebastião, ein Urenkel des glücklichen Königs Manuel I, wurde mangels Alternativen schon mit dreieinhalb Jahren auf den königlichen Thron gesetzt. Als Teenager noch, mit 14 Jahren, übernahm er die Regierungsgeschicke. Von Ehrgeiz und nationalem Eifer beflügelt, zieht er zehn Jahre später in ein verhängnisvolles Gefecht. Portugal will den alten arabischen Angstgegner, der das Land im Mittelalter fünf Jahrhunderte besetzt hielt, endlich auf nordafrikanischem Boden bekämpfen.

Siegesgewiss reitet Dom Sebastião in Ksar-el-Kebir südlich von Tanger in eine Schlacht, aus der er nicht wiederkehren wird. Seine

Leiche wird nie gefunden. Befeuert durch die poetische Fantasie des Dichters Luís de Camões, entsteht im Volk die Legende vom tapferen König, der eines Tages glanzvoll wiederkommen wird.

Für Portugal markiert Sebastiãos Tod den Beginn vom Ende seiner imperialen Träume. Spanien stößt in die Vakanz vor, die Sebastiãos Tod hinterlassen hat und macht beim Nachbarn seinen Thronanspruch geltend. Bald darauf jagen die Holländer den Portugiesen die Molukken, Ceylon und Malakka ab.

DIE VERZWEIFELTEN WOLLEN TROST

Auch die tragische Liebesgeschichte vom Kronprinzen Dom Pedro und seiner Geliebten Inês de Castro, die im 14. Jahrhundert drei gemeinsame Kinder bekommen, aber nie offiziell zusammen leben werden, inspiriert den Dichter. Er schildert das grausame Ende der dreifachen Mutter. Als Pedro auf der Jagd war, ließ ihr königlicher Schwiegervater Afonso IV sie von drei Mördern enthaupten. Pedro soll nach seiner Rückkehr den Kopf seiner Frau gefunden haben. Er nahm fünf Jahre später fürchterlich Rache: Als er nach dem Tod des Vaters auf dem Thron kam, wurden zwei der drei Mörder ergriffen (der dritte war nach England geflohen) und ihnen bei lebendigem Leib das Herz herausgerissen. Dann ließ Dom Pedro Inês Leichnam ausgraben und in der Kathedrale von Coimbra zur Königin krönen. Der Hofstaat, der vom Mord an Inês wusste, musste antreten und der Toten die Hand küssen.

Am 10. Juni 1580 stirbt Camões an der Pest, der Legende nach in einem Armenhaus, und wird in einem Massengrab eilig verscharrt. Sein leerer Sarkophag steht heute im *Mosteiro dos Jerónimos*, dem Hieronymuskloster in Belém gleich gegenüber dem Grabmal von Vasco da Gama. Der Dichter und sein Held.

Eine moderne Illustration von Camões Epen ist auf den bunt bemalten Azulejos-Kacheln in der Metrostation Saldanha zu sehen. Und der moderne lichte Bau des portugiesischen Nationalballetts am Tejo, 1998 zur Weltausstellung in Lissabon eröffnet, wurde nach ihm Teatro Camões benannt.

Doch am lebendigsten wirkt der Dichter noch immer auf seinem Stammplatz im Bairro Alto. Seit der Wirtschaftskrise hat er vor allem nachts mehr Gesellschaft denn je. Dann versammeln sich zu seinen Füßen arbeitslose Jugendliche, die sich der aktuellen portugiesischen »Saudade« hingeben. Womöglich hoffen sie, dass der sagenumwobene König Sebastião aus dem Nebel der Vergangenheit auftaucht und dem Land wieder Größe gibt.

Einstweilen suchen sie Trost bei Luís de Camões. Der Nationaldichter blickt von seinem monumentalen Sockel mild auf die verzweifelten jungen Leute, als könne er jederzeit herabsteigen und den Taubendreck von seinem Lorbeerkranz abschütteln, um dann über die Irrungen und Wirrungen von heute zu schreiben.

CAMÕES-DENKMAL **4** ▶ *G5*
Largo do Camões, Bairro Alto
▶ Tram: Praça Luís de Camões

CAMÕES-GRABMAL
Mosteiro dos Jerónimos (Hieronymuskloster)
Praça do Império, Belém
www.mosteirojeronimos.pt
▶ Tram: Belém-Jerónimos

METROSTATION SALDANHA (CAMÕES-ILLUSTRATIONEN)
Avenida da República/Avenida Duque de Avila, Campo Pequeno
▶ Metro: Saldanha

TEATRO CAMÕES
Passeio Neptuno, Parque das Nações, Capo Ruivo
www.cnb.pt
▶ Metro: Cabo Ruivo

SEBASTIÃO JOSÉ DE CARVALHO E MELLO

1699–1782

1755 zerstörte ein Erdbeben Lissabon, dann kam vom Atlantik ein verheerender Tsunami. Ein Mann bekämpfte das Chaos und baute die Stadt in neuem Glanz wieder auf – der Markgraf von Pombal.

Der 1. November 1755 zieht als ein klarer, sonniger Tag herauf. König José I hat soeben die Frühmesse in der Catedral Sé Patriarcal **8** *(▸ H 5)* besucht. Der Monarch ist nur mäßig an den Regierungsgeschäften interessiert. Nach dem Gottesdienst zieht er sich in seinen Palast zurück. Später will er ein opulentes Festmahl ausrichten. Musiker werden spielen, es werden die besten Weine des Landes kredenzt.

Noch immer schwelgt Lissabon in seinen durch überseeische Eroberungen erbeuteten Reichtümern. Erst vor kurzem hat der König ein Opernhaus eröffnet. Der Regent ahnt nicht, dass sein geliebtes Musiktheater schon bald nicht mehr existieren wird, denn im Atlantik braut sich an diesem Morgen eine Naturkatastrophe zusammen.

In Lissabon ist davon zunächst nur wenig zu spüren. Als ein Vorbote des großen Bebens ein kaum wahrnehmbares Zittern durch die Erde schickt, bekommen die meisten Menschen nichts mit. Nur die Tiere wissen instinktiv, dass etwas in der Luft liegt.

Sebastião José de Carvalho e Mello versuchte mit seinen Reformen das mittelalterliche Portugal in die Moderne zu führen.

Die eben noch munter zwitschernden Vögel sind schlagartig verstummt. Dafür fangen plötzlich die Hunde an zu winseln. Mit ängstlich eingezogenen Schwänzen verkriechen sie sich hinter Tischen und Bänken. Und dann, wie von Geisterhand gesteuert, fangen gegen 9.40 Uhr alle Glocken der Stadt auf einmal an zu läuten. Es klingt gespenstisch. Jetzt schrecken die Lissabonner zum ersten Mal auf.

Die Ruine der Carmo-Kirche erinnert noch heute an die Katastrophe, die Lissabon am 1. November 1755 heimgesucht hat.

Dann geht alles ganz schnell. Innerhalb von zehn Minuten erschüttern drei gewaltige Schübe die Straßen und Hügel. Wie Kartenhäuser fallen die Gebäude in sich zusammen und begraben Menschen und Tiere unter sich. Die meisten Lissabonner sterben in den voll besetzten Kirchen. Ganze Häuserfluchten brechen zusammen. Herdfeuer setzen die Trümmer in Brand. Die mittelalterliche Altstadt wird zur Falle. Wer sich retten will, flieht zum Hafen. Am Tejo, so hoffen die Menschen, sind sie in Sicherheit vor den einstürzenden Mauern und dem um sich greifenden Feuer.

Auf der Praça do Comércio, vor dem Hafen der Stadt, findet gerade ein großer Markt statt. Viele Menschen sind nach der Frühmesse hierher geströmt und wundern sich nun über ein seltsames Schauspiel: Das Meer, das sonst friedlich gegen die Kaimauern schwappt, hat sich weit vom Ufer zurückgezogen. Doch der Schein trügt. Das Wasser wird wiederkommen – mit verheerender Kraft, denn vom Atlantik rollt eine riesige Flutwelle auf die portugiesische Hauptstadt zu und überspült den Platz am Tejo. Die Flut fegt über die Marktstände hinweg, sie wirbelt die Waren auseinander und reißt Menschen und Tiere mit. Dreimal bebt die Erde, drei Mal folgt ein Tsunami.

Panik bricht aus. 900 Menschen ertrinken allein am Hafen. Schiffe werden an Land geworfen und dann wie Spielzeuge wieder zurück in die Tiefe gerissen. Der Wind facht die Feuer immer wieder an, die Nachbeben erschüttern die Erde. Ein unbeschreibliches Chaos herrscht auf den Straßen. Binnen einem Vormittag versinkt die portugiesische Hauptstadt in einem brennenden Riesenstrudel.

DAS ERDBEBEN WIRD NOCHMAL ERLEBT

Wer keine Angst vor beklemmenden Bildern hat, kann sich den Horror vom 1. November 1755 bildlich vor Augen führen. Das überaus sehenswerte Stadtmuseum Lisboa Story Centre **20** *(▸ H5)* zeigt den Besuchern mithilfe von Computeranimationen die verheerenden Auswirkungen des Erdbebens.

Die Katastrophe von 1755 fordert 30 000 bis 60 000 Menschenleben, ein Fünftel der Lissabonner Bevölkerung. Drei Viertel aller Bauten werden zerstört, wertvolle Kunstschätze gehen für immer verloren. Auch das neue Opernhaus fällt den Erdstößen und Flammen zum Opfer. Nur wenige mittelalterliche Gebäude bleiben verschont, die meisten in der Alfama. Das alte Maurenviertel liegt im Schutz der Tejobucht.

In dieser Tragödie betritt ein Mann die öffentliche Bühne, der für die tief traumatisierten Lissabonner zum Helden wird: Sebastião José de Carvalho e Mello. Der 1750 ernannte Außenminister übernimmt das Krisenmanagement. Der auslandserfahrene Politiker organisiert die Aufräumarbeiten und instruiert die Bevölkerung: »*Helft euren Nachbarn und begrabt eure Toten so schnell wie möglich, denn nur so könnt ihr dafür sorgen, dass keine Seuchen ausbrechen und die Lage verschlimmern.*«

Während sich der König zitternd vor Angst in seinem Palast verkriecht, handelt sein Außenminister. Er ruft das Kriegsrecht aus, mobilisiert die Armee und stellt Truppen für die Aufräumarbeiten zusammen. Behelfsquartiere für Tausende von obdachlos gewordenen Menschen werden errichtet. Niemand darf die Stadt verlassen. Plünderungen werden streng geahndet.

Wer ist dieser Mann, der bis heute in Lissabon verehrt wird? Der einer Hauptverkehrsachse der Stadt und einer Metrostation seinen Namen gibt? Sebastião José de Carvalho e Mello kommt am 13. Mai 1699 in Lissabon zur Welt. Wegen seines großen Verdienstes wird er 1769 zum Marquês (Markgraf) de Pombal ernannt. Mit diesem Titel wird er zur legendären Berühmtheit.

Der junge Sebastião José de Carvalho e Mello studiert an der Universität von Coimbra und tritt danach in den Staatsdienst ein. 1738 wird er als Botschafter nach London berufen, sieben Jahre später nach Wien. In den europäischen Hauptstädten kommt er mit den aufgeklärten Strömungen seiner Zeit in Kontakt.

Zu Hause in der größten Krise seines Landes bewährt sich seine Erfahrung. Er handelt klar strukturiert und lässt Fragebögen an alle Kirchengemeinden verteilen, um sich Klarheit über das Ausmaß der Katastrophe zu verschaffen. Die Geburts- und Sterberegister liegen jedoch in den Händen der Priester. Und die betrachten Pombals systematisches Vorgehen mit Misstrauen.

Die Kirchenoberen sehen in dem Erdbeben die biblischen Prophezeiungen vom drohenden Ende der Welt erfüllt. Es sei die Strafe Gottes für die Sünden der Menschen, verkünden sie von ihren Kanzeln. Es ist die Zeit der Inquisition, und die noch in den Glaubenstraditionen des Mittelalters verhafteten Portugiesen

»Ausweisung der Jesuiten«: Ein Beschluss des Markgrafen von Pombal, einem Anhänger des aufgeklärten Absolutismus.

ducken sich furchtsam unter dem Kuratel der Kirche. Seit 200 Jahren hat die päpstliche Gegenreformation die Iberische Halbinsel fest im Griff. Schon bald wird in ganz Europa über das Erdbeben diskutiert: War die Katastrophe ein Gottesurteil oder ein Naturphänomen?

Pombal wirft den Jesuiten vor, mit ihren fanatischen Predigten die Lage nur noch zu verschlimmern. Und er gewinnt den Machtkampf. Der König lässt seinem Minister freie Hand, um auch den Wiederaufbau zu organisieren. In Portugal siegt zum ersten Mal das Denken der Aufklärung über die Kirche.

Pombal, der ein Jahr nach dem Erdbeben vom König zum Ersten Minister ernannt wird, lässt Lissabon nach modernsten städtebaulichen Regeln wiederaufbauen. Die *Baixa*, die Unterstadt, wird im klassizistischen Stil mit Plätzen und Parks und breiten Straßen im Schachbrettmuster angelegt. Sie sind heute noch so erhalten, wie Pombal sie damals plante. Nur die *Carmo-Kirche* **19** *(▸ G 4)* bleibt als Ruine stehen und erinnert bis heute an die Katastrophe. Alle neuen Gebäude werden mit Brandmauern gesäumt. Pombal lässt sie mit ausgeklügeltem Fachwerk verstärken und baut damit die ersten erdbebensicheren Häuser Europas.

Drei Jahre nach dem Erdbeben schlagen der Klerus und seine adeligen Verbündeten zurück – mit einem Anschlag auf den König am 3. September 1758. Der furchtsame José hat seinem Palast den Rücken gekehrt und sich auf dem Hügel von Ajuda eine Zeltstadt errichten lassen. Hier oben fühlt er sich sicherer als unten am Fluss. Er kommt gerade von seiner Mätresse und ohne Eskorte, als die Attentäter auf ihn schießen: José wird verletzt.

POMBAL RÄUMT BLUTIG AUF

Unter Folter gestehen die festgenommen Schützen, dass hinter dem Mordversuch die hochangesehene Adelsfamilie Tavora und der Klerus stecken. Ziel war es, den König zu beseitigen, um damit auch dessen Minister zu stürzen. Die Hintermänner des Attentats wollen die Reformen stoppen, um die Privilegien von Hochadel und Kirche zu erhalten. Pombal macht der Familie den Prozess. Die Drahtzieher des Attentats, unter ihnen auch der Jesuitenpater Gabriel Malagrida, werden hingerichtet.

Was danach passiert, zeigt ein Gemälde von Louis-Michel van Loo und Claude Joseph Vernet, das im Museu da Cidade hängt: die »Ausweisung der Jesuiten«. Pombal löst ihren Orden in Portugal und Brasilien auf und wird dafür vom König zum Conde de Oeiras ernannt. Der nunmehr erstarkte Staatsmann schafft die Sklaverei in Portugal und seinen indischen Kolonien ebenso ab wie die Diskriminierung der getauften Juden oder die Zensur durch die Kirche. Der Verfechter der Aufklärung führt sein Land in die Moderne. Auch in wirtschaftlicher Hinsicht. Pombal stärkt die nationalen Manufakturen, er gründet staatliche Unternehmen, reformiert die Finanzen und schafft sogar das erste geschützte Weinbaugebiet der Welt im Dourotal.

Pombals Ära endet mit dem Tod von König José I. 1777 besteigen dessen fromme Tochter *Maria I* und deren Ehemann und Onkel, *Pedro III*, den Thron. Sie entmachteten Pombal und verbannen ihn auf seinen Landsitz. Dort stirbt er am 8. Mai 1782.

Doch die Erinnerung an den Stadterneuerer bleibt lebendig, nach dem Marquês sind Hotels, Schulen, Straßen und Plätze benannt. Die Statue **33** *(▸ F2)* des bedeutendsten Staatsmannes seiner Zeit ziert eine 36 Meter hohe Säule an der Praça do Marquês de Pombal ebenso wie den Triumphbogen Arco da Rua Augusta **2** *(▸ H5)* am Praça do Comércio.

ARCO DA RUA AUGUSTA **2** ▶ *H5*
Praça do Comércio/Rua Augusta, Baixa
▶ Metro: Baixa-Chiado

IGREJA DO CARMO (CARMO-KIRCHE) **19** ▶ *G4*
Largo do Carmo, Bairro Alto
▶ Metro: Baixa-Chiado

LISBOA STORY CENTRE **20** ▶ *H5*
Praça do Comércio, Baixa
www.lisboastorycentre.pt
▶ Metro: Terreiro do Paço

MUSEU DA CIDADE (STADTMUSEUM)
Campo Grande 245, Campo Grande
www.museudacidade.pt
▶ Metro: Campo Grande

STATUE DES MARQUÊS DE POMBAL **33** ▶ *F2*
Praça do Marquês de Pombal, Avenidas Novas
▶ Metro: Marquês de Pombal

JOSÉ MARIA EÇA DE QUEIRÓS

1845–1900

Für den größten portugiesischen Erzähler des 19. Jahrhunderts ist Lissabon eine Quelle der Ideen. Hier findet er fast alles, was er für seine Romane braucht. Vieles hat sich erhalten.

Genau hier, in dieser gemütlichen Bibliothek im obersten Stock eines eleganten Lissabonner Wohnhauses, hat sich der Dichter zu seinem Hauptwerk inspirieren lassen. In diesem ledernen Ohrensessel könnte er am Kamin gesessen haben, die Gestalt konzentriert zusammengefaltet, das blasse, magere Gesicht hinter einer Zeitung versteckt. Danach dürfte er sich an den Schreibtisch gesetzt, mit feingliedrigen Händen den Füllfederhalter aufgeschraubt und weiter an seinem Roman »Os Maias« geschrieben haben. Ab und zu ist er vermutlich aufgestanden, hat die langen, dünnen Glieder gestreckt, das Monokel zurechtgerückt und durch das riesige Messingfernrohr auf den Tejo geschaut, auf den Hafen und das gegenüberliegende Ufer. Doch trotz dieser beeindruckenden Fernsicht und trotz seiner vielen Reisen hat der kosmopolitische Autor José Maria Eça de Queirós seinen literarischen Blick nicht nach draußen gerichtet. Anders als Luís de Camões hat er nicht die große weite Welt besungen, sondern mit Skepsis und Ironie nach innen geschaut.

Wie kein anderer skizzierte der Schriftsteller José Maria Eça de Queirós in seinen Romanen die Gesellschaft des 19. Jahrhunderts.

Eça de Queirós, der als Diplomat in Frankreich, England und Kuba Menschen unterschiedlicher Mentalitäten kennenlernt, skizziert seine eigenen Landsleute lieber dort, wo sie zu Hause sind. Er beobachtet genau, das hat er als Jurist gelernt, und seziert die Eigenheiten und Dünkel seiner Gesellschaft. Queirós gilt als größter portugiesischer Romancier des 19. Jahrhunderts und wird auch von Zeitgenossen sehr geschätzt. Émile Zola zollt

Szene aus dem Film »Der Vetter Basilio«, nach dem gleichnamigen Roman von José Maria Eça de Queirós.

ihm Bewunderung und hält ihn für bedeutender als seinen Landsmann Gustave Flaubert, und der Londoner »Observer« nennt ihn in einem Atemzug mit Dickens, Balzac und Tolstoi.

Seine Herkunft als uneheliches Kind entspricht nicht ganz den strengen Maßstäben seiner konservativen Epoche. Eça de Queirós wächst in einer großbürgerlichen Familie in der nordportugiesischen Kleinstadt Póvoa de Varzim auf. Offiziell gilt er als Sohn des Richters *José Maria d'Almeida de Teixeira de Queirós*, seine Mutter ist angeblich unbekannt. Der brasilianische Jurist heiratet die knapp 19-jährige *Carolina Augusta Pereira de Eça*, die, so wird vermutet, den gemeinsamen Sohn mit in die Ehe bringt.

Mit 16 Jahren zieht Eça de Queirós zum Jurastudium nach Coimbra. Dort entdeckt er seine künstlerischen Neigungen, liest sich durch die Weltliteratur, spielt in einer Theatergruppe mit und publiziert seine ersten Gedichte in der Zeitschrift »Gazeta de Portugal«. Nach dem Studienabschluss zieht er nach Lissabon, wo er als Strafverteidiger beim Obersten Gerichtshof arbeitet und nebenbei Artikel veröffentlicht. Als 1869 der Suez-Kanal eröffnet wird, reist Eça de Queirós nach Ägypten. Seine Erlebnisse inspirieren ihn zu seinem Buch »Das Geheimnis der Straße von Sintra«, das er zusammen mit seinem Schulfreund Freund *Ramalho Ortigão* schreibt und das zunächst als Fortsetzungsroman in einer Tageszeitung publiziert wird.

Zurück in Lissabon erfinden die beiden Freunde den fiktiven Entdecker Fradique Mendes und dichten ihm einen Briefwechsel an. Um ungestört gegen das Establishment sticheln zu können, gründet der spottlustige Jurist eine eigene Zeitschrift »As Farpas«, die Pfeilspitze. Sein Credo: »*Lissabon mit seiner chinesischen Apathie, mit seiner Rhetorik, seiner Sentimentalität und seinem Mangel an Wirklichkeitssinn ist nur mit modernen Waffen, mit einem Sarkasmus, der den Götzen lächerlich macht und die Puppe dahinter bloßlegt, beizukommen.*« Ende des 19. Jahrhunderts gehört Queirós dem Zirkel »Vencidos da Vida« an, einer Gruppe von Intellektuellen, die sich ironisch »Die vom Leben Besiegten« nennen, einen konservativ-skeptischen Dandyismus pflegen und sich zu Wortgefechten treffen. Meistens im Umfeld des Stadtviertels Chiado, im plüschig-vornehmen Traditionsrestaurant *Tavares* **34** *(▸ G5)* oder in der *Pastelaria Cister* **31** *(▸ E3).*

SANFTE LITERARISCHE GESELLSCHAFTSKRITIK

Gleich in seinem ersten Roman packt Eça de Queirós ein heißes Eisen an. »Das Verbrechen des Paters Amaro« erscheint 1875 und spielt in der Provinzstadt Leiria, wo der Jurist eine Zeitlang in der Stadtverwaltung arbeitet. In seinem Buch schildert er das Schicksal eines Priesters, der sich in eine Frau verliebt und von den bigotten Provinzlern ins Fegefeuer geschickt wird.

Kein Wunder, dass es dem aufmüpfigen Autor in Portugal bald zu eng wird. Eça de Queirós wechselt in den diplomatischen Dienst. Eine seiner ersten Stationen ist England. Fasziniert beobachtet er die Eigenheiten des britischen Lebensstils, mokiert sich über das Wetter oder die angelsächsische Angewohnheit, Gemüse bis zur Unkenntlichkeit zu zerkochen. Seine feinsinnigen, spitzzüngigen Beobachtungen werden im »Diário de Notícias« veröffentlicht. Lange muss er nicht unter der englischen Küche leiden, 1888 bekommt der fließend französisch sprechende Jurist seinen Traumjob als Botschafter in Paris. Nebenbei schreibt er fleißig weiter.

Mit seinem zweiten Roman »Der Vetter Basilio«, einem der großen europäischen Liebes- und Verführungsromane des 19. Jahrhunderts, schafft Eça de Queirós den Durchbruch. In diesem Buch beschreibt er mit feiner Ironie die Attitüden der portugiesischen Oberschicht. Die Geschichte der jungen Luisa spielt in Lissabon und Sintra, der Sommerfrische der Könige und Adeligen. Hier trifft Luisa, die seit drei Jahren glücklich mit ihrem Mann Jorge verheiratet ist, ihren aufgeblasenen Vetter Basilio wieder. Der Cousin war auf dem Landgut ihres Onkels João in Colares einst ihre Jugendliebe gewesen und nach Brasilien ausgewandert. Der inzwischen vermögende Basilio schwärmt von Paris, Madrid und Konstantinopel und beeindruckt damit auch seine Cousine.

Eça de Queirós zeichnet seine Hauptfigur als versnobten, angeberischen Schnösel. Stets nach der neuesten Mode gekleidet, plustert er sich auch deshalb so auf, um die widerstrebende Cousine zu verführen und sich mit seiner Eroberung vor seinem adeligen Freund zu brüsten.

In den Dialogen nimmt Eça de Queirós auch die damals grassierende Frankomanie aufs Korn. *»Luisa frage, womit sich Basilio tagsüber beschäftigt habe, und er erzählte, dass er beim Stierkampf gewesen sei, aber es sei eine langweilige Geschichte gewesen, die*

Das Lissabonner Opernhaus Teatro Nacional de São Carlos, das in Eça de Queirós Roman »Der Vetter Basilio« zum Schauplatz wird.

Stiere hätten alle nichts getaugt. ›Doch in Spanien, meine Damen! Da müssten Sie mal zusehen, das sind noch Stiere!‹ Dona Felicidade protestierte. Nein, es wäre zu entsetzlich. Sie wäre einmal in Badajoz bei einem Stierkampf gewesen, als sie ihre Tante Francisca de Noronha in Elvas besucht hätte, und sie wäre ohnmächtig geworden. Das Blut und die Eingeweide der Pferde! Ihr wurde davon übel! Basilio stöhnte: ›Aber selbst in Lissabon stirbt man vor Langeweile, dabei ist es die Hauptstadt eines ganzen Königreiches.‹ ›Sag das nicht in Gegenwart des Geheimrats‹, lachte Luisa, ›er ist ein großer Bewunderer Lissabons.‹ ›Ich wurde hier geboren‹, sagte der Geheimrat mit einer Verbeugung gegen Basilio, ›aber ich gebe zu, dass es sich nicht mit Paris, London oder Madrid vergleichen kann.‹«

Später lässt Eça de Queirós die feine Gesellschaft ins Opernhaus São Carlos **35** *(▸ G5)* aufbrechen, wo auch Ihre Majestät die Königin anwesend ist. Man spekuliert über deren Garderobe und echauffiert sich weiter bei der Fahrt durchs Viertel Chiado. *»Aufregungen wie diese brachten Dona Felicidades Verdauung in Unordnung, aber als sie den Chiado hinunterfuhren, war sie entzückt. Vor der strahlend erleuchteten Front des Havaneza standen gestikulierende Gruppen, und Hunderte von Kutschen fuhren den von Lichterketten gesäumten Picadeiro hinab. Sie hielten vor dem Gibraltar. Dona Felicidade war zutiefst beeindruckt von dem goldbetressten Türhüter in seinen rotseidenen Kniehosen.«*

IRONISCHE HYMNE AUF LISSABON

Auch in seinem Werk »Die Hauptstadt« spielt Lissabon die zentrale Rolle. Der Protagonist Artur zieht aus der Provinz nach Lissabon, um dort zu schreiben. Dank einer Erbschaft hat der verkrachte Student jetzt das Geld, um die Hauptstadt zu erobern.

»Er schlenderte aufs Geratewohl den Moinho de Vento herunter, und als er an São Pedro de Alcântara vorbeikam, trat er unter die Bäume und lehnte sich an das Gitter. Unten, im dunklen Tal, dehnte sich die Stadt, übersät von den Lichtpunkten, die die erleuchteten Fenster ausstreuten, und in der Dunkelheit bildeten die Dächer und Gebäude einen Klumpen noch dichterer Schatten. Die Lichter dort unter den Dächern, welche Fülle schäumenden Lebens mochten sie bedeuten! Wie viele Liebschaften, wie viele Geheimnisse, ja vielleicht Verbrechen! Dort verfassten Journalisten Zeitungsartikel, Redner bereiteten ihre Ansprachen vor, Staatsmänner konferierten, Frauen aus der Aristokratie plauderten in ihren Salons von allerlei Liebschaften, und auf den prächtigen Pianos erklangen seufzende, leidenschaftliche Kavatinen. Wie herrlich bist du, Lissabon!«

1888 beginnt Eça de Queirós im Lissabonner Diplomatenviertel sein Hauptwerk »Os Maias« – Die Maias, der Geschichte vom Verfall einer portugiesischen Adelsfamilie. Er wohnt in der Rua das Janelas Verdes, im Haus eines Freundes, das heute ein kleines

Hotel **15** *(▸D6)* ist. Eça de Queirós Büste steht dort nicht nur auf dem Klavier im Salon, auch im Treppenhaus blickt der Autor dem Besucher mit spöttisch gesträubtem Schnauzer entgegen. Das Porträt hat der Karikaturist *Bordalo Pinheiro* gezeichnet, mit dem der Schriftsteller befreundet war. Abends bedienen sich die Gäste selbst an der kleinen Bar in der Bibliothek, was zu dem angenehmen Gefühl beiträgt, zu Gast in einem kultivierten Privathaus zu sein. »Home from home«, wie es ein britischer Gast formuliert.

1900 stirbt Eça de Queirós in Neuilly-sur-Seine an Tuberkulose. Drei Jahre später wird am Largo do Barão de Quintela sein Denkmal **10** *(▸G5)* enthüllt: Es zeigt den Dichter mit einer unbekleideten Muse im Arm – der nackten Wahrheit eben.

EÇA DE QUEIRÓS-DENKMAL **10** ▸ *G5*
Largo do Barão de Quintela, Chiado
▸ Metro: Baixa-Chiado

HOTEL AS JANELAS VERDES **15** ▸ *D6*
Rua das Janelas Verdes 47, Lapa
www.asjanelasverdes.com
▸ Bus: Rua das Janelas Verdes, S-Bahn: Santos

PASTELARIA CISTER **31** ▸ *E3*
Rua da Escola Politécnica 103, São Mamede
▸ Metro: Rato

TAVARES **34** ▸ *G5*
Rua da Misericórdia 35–37, Chiado
www.restaurantetavares.net
▸ Metro: Baixa-Chiado

TEATRO NACIONAL DE SÃO CARLOS (OPERNHAUS) **35** ▸ *G5*
Rua Serpa Pinto 9, Chiado
www.tnsc.pt
▸ Metro: Baixa-Chiado

RAFAEL BORDALO PINHEIRO

1846–1905

Er war einer der kreativsten Künstler des 19. Jahrhunderts und gehörte zur Boheme der Stadt. Seine Witzfigur Zé Povinho, eine Art Schwejk von Lissabon, ist beliebt wie nie zuvor.

Als die amerikanische Ratingagentur Moody's während der Eurokrise Portugals Kreditwürdigkeit herabstufte, reagierte die Bordalo Pinheiro Keramikfabrik mit einer glänzenden Performance. Sie benutzte dazu eine Porzellanfigur. Und zwar nicht irgendeine, sondern den Zé Povinho. Der tönerne Winzling mit der Wampe und den vom Bier geröteten Wangen verkörpert für Portugal das, wofür in Deutschland Otto Normalverbraucher oder Lieschen Müller herhalten müssen. Zé ist die Abkürzung für José und Povinho eine Verniedlichung von arm. Der arme, kleine José ist die bekannteste Figur des Lissabonner Künstlers Rafael Bordalo Pinheiro: eine volkstümliche Mischung aus Proletarier, Spießer und aufmüpfigem Nachbarn.

Zé Povinho sind »die da oben« immer schon suspekt gewesen. Er ist zwar nicht gerade der Allerhellste, doch, die Willkür der Mächtigen zu durchschauen, dazu reicht es allemal. Weil verbale Rhetorik nicht zu seinen Stärken gehört, wehrt er sich auf seine Weise gegen die Ungerechtigkeit der Welt.

Der Erfinder des Zé Povinho, Rafael Bordalo Pinheiro, gilt als erster Comic-Zeichner Portugals.

Im Falle der Eurokrise zeigte der Porzellan-Zé den Moody's-Leuten den »manguito«, nicht nur in romanischen Ländern eine unmissverständliche Geste: Man beugt den rechten Arm L-förmig und schlägt die linke Handkante in die Armbeuge. Ein »Du kannst mich mal« ohne Worte.

Rafael Bordalo Pinheiro, der Zé Povinho 1875 zunächst als Cartoon zeichnete und 1884 eine eigene Keramikfabrik gründete,

Ein Riesengrashüpfer im Jardim Bordallo Pinheiro am Campo Grande. Der Garten gehört zum Bordalo Pinheiro Museum.

um seine Figuren und Fayencen brennen zu lassen, hätte die Neuauflage seiner Schöpfung gut gefallen. Im modernen Lissabon, wo Zé 1875 zum ersten Mal als Karikatur in einer Zeitschrift an die Öffentlichkeit trat, ist seine Neuauflage ein Renner. Balsam für die angeschlagene Volksseele, die unter der Rezession leidet. Der kleine Hosenträger-Träger war im Volk schon immer beliebt, aber nie hat er den Menschen so aus der Seele gesprochen wie heute!

Zés Schöpfer Pinheiro erlebt derzeit auch ohne seinen Protagonisten eine glanzvolle Renaissance. Der vielseitige Künstler entwarf nicht nur Witzfiguren, sondern gestaltete auch Gebrauchskeramiken: Suppenterrinen, Schalen in Form von Gemüse, Teller, die mit Fischen oder Zitronen dekoriert sind. Sein liebstes Motiv ist der Kohl. Es gibt wohl kaum einen portugiesischen Haushalt, in dem nicht wenigstens einer seiner Kohlköpfe in der Vitrine glänzt. Pinheiros volkstümliches, buntes Geschirr gilt sogar unter

Puristen und Designfans als cool. Kohl ist Kult! Da hat man wenigstens was zum Anfassen.

Rafael Pinheiro stammt aus einer kinderreichen Lissabonner Künstlerfamilie. Er wird am 21. März 1846 im Stadtviertel Chiado geboren und fängt früh mit dem Zeichnen an. Den ersten Unterricht bekommt er von seinem Vater *Manuel Maria Bordalo Pinheiro*. Der ist Maler, ebenso wie sein jüngerer Bruder *Columbano* und seine Schwester *Maria Augusta*. Rafael möchte Theaterschauspieler werden und schreibt sich an der *Academia Nacional de Belas Artes* ein. Mit 14 Jahren steht er zum ersten Mal auf der Bühne. Später verlegt er sich mehr auf das Gestalterische und arbeitet als Grafiker; er illustriert Bücher, Menü- und Einladungskarten und zeichnet für Zeitschriften. Anfangs sind seine Darstellungen noch realistisch, doch bald schimmert immer mehr die Ironie durch.

Pinheiro, ein stattlicher Mann mit dunklen Locken, wachem Blick (mit Monokel) und buschigem Schnauzbart, beobachtet gern die Menschen in seiner Umgebung und nimmt dabei auf subtile, amüsante Weise die gesellschaftlichen Verhältnisse aufs Korn. Sein großes Vorbild ist der deutsche Humorist Wilhelm Busch.

ER ZEICHNET MIT BEISSENDER IRONIE

Seine ergiebigsten Studien betreibt er im Chiado, dort, wo er aufgewachsen ist und wo sich das soziale Leben der Stadt abspielt. Hier glitzern die teuersten Geschäfte Lissabons, hier flanieren im 19. Jahrhundert die Großstädter die Rua Garrett herunter, elegant nach der letzten Pariser Mode gekleidet. Die Modegeschäfte, Parfümerien und Silberwarenläden locken die Damen der Gesellschaft zum Einkaufen und Geldausgeben herbei, währenddessen ihre Männer mit hohen Zylindern vor der Casa Havaneza herumstehen und Zigarre paffend demonstrieren, wie man sich auch beim gepflegten Nichtstun wichtig machen kann.

Pinheiro zeichnet Karikaturen für die Illustrierte »Lanterna Magica«, die er selbst mitbegründet, und richtet seinen Blick mit hintergründigem Sarkasmus auf die Missstände seiner Zeit. Die Politik? Eine fette Sau, an der unzählige kleine Ferkel saugen. Der Souverän? Ein tumber Kleinbürger mit Hosenträgern und dümmlichem Grinsen. Pinheiros spitzer Feder entgeht nichts und niemand, seine Satiren verspotten sie alle: den selbstgefälligen Spießer ebenso wie den Stutzer mit gezwirbeltem Schnauzbart und modischem Gehrock, den feisten Offizier, der aus seiner Uniform fast herausplatzt, den blutleeren Intellektuellen.

1870 präsentiert er sein erstes Buch »O Calcanhar de Aquiles« – Die Ferse des Achilles, eine Karikaturensammlung von literarischen Größen seiner Zeit. Kurz bevor er fünf Jahre später für längere Zeit nach Brasilien fährt, veröffentlich er eine Satire über die Reise eines brasilianischen Herrschers nach Europa. Als er enthüllt, dass ein Minister gemeinsame Sache mit Schmugglern macht und der ihm ein Schweigegeld in Form eines Blankoschecks anbietet, lehnt Pinheiro entrüstet ab. Schließlich muss er erkennen, dass sein Leben bedroht ist. Er verlässt Brasilien, aber nicht ohne einen schriftlichen Abgang. In seinem Abschiedsbrief schreibt er, dass er nur seinem Gewissen verpflichtet sei und nicht einer »Dienstleistungsfreiheit«: »Unsere Fahne ist die Wahrheit!«

Zurück in Portugal, wartet Pinheiro nicht lange auf Aufträge, sondern gründet seine eigenen Magazine, etwa die Zweimonatszeitschrift »O Binóculo«, kurz darauf »A Berlinda«. Mit Witz und Charme hält er nun wieder der portugiesischen Gesellschaft den Spiegel vor. Nicht von außen, sondern als einer der ihren.

Er gehört zur etablierten Boheme, er ist mit dem Schriftsteller *Eça de Queirós* befreundet und einer der führenden Intellektuellen seiner Zeit. Zusammen mit Eça de Queiróz und seinem Bruder Columbano gründet er 1887 im Restaurant *Leão D'Ouro* einen

Zé Povinho: Die 1875 ins Leben gerufene Figur von Rafael Bordalo Pinheiro ist derzeit bei den Portugiesen wieder sehr populär.

literarischen Zirkel. Die Gruppe, der neben Autoren und Malern auch Schauspieler und Journalisten angehören, nennt sich ebenfalls Grupo do Leão. Der begabte Zeichner, Karikaturist, Grafiker und Publizist liefert eine grandiose unternehmerische One-Man-Show. Er gründet nicht weniger als neun Zeitungen und Magazine und ruft 1884 in Caldas da Rainha auch eine eigene Keramikfabrik ins Leben – in der bis heute neben Gebrauchskeramiken auch Kacheln hergestellt werden.

Pinheiro trägt um die Jahrhundertwende entscheidend zur Renaissance der Azulejo-Kunst bei. Seine Kacheln gestaltet er ganz ohne Ironie, dafür mit Eleganz und im dekorativen Jugendstil. Beim Design greift er oft auf stilisierte Pflanzen und Tiere wie Schmetterlinge oder Grashüpfer zurück. Die Kacheln werden als Reliefs gestaltet. Eine arabische Tradition, die im 16. Jahrhundert auch in Sevilla sehr populär war. Viele Bäcker und Lebensmittelgeschäfte schmücken um die Jahrhundertwende ihre Läden mit Pinheiros Kacheltableaus. Lachsfarbene Riesenkrabben stecken ihre tönernen Fühler aus. An einer weißen Wand krabbelt ein kochtopfgroßes Keramikinsekt dem Dach entgegen. Ein schillerndes Reptil, so groß wie ein kleiner Junge, schleicht sich durchs Gras. Pinheiros Keramiken sind nicht nur in allen guten Haushaltsfachgeschäften zu finden, sondern auch in einem Lissabonner Garten am Campe Grande. Er gehört zum kleinen, aber feinen *Museu Bordalo Pinheiro*, das durch die Sammlung des befreundeten Lissabonner Dichters *Artur Ernesto de Santa Cruz Magalhães* ermöglicht wurde. Das Museum wurde 1916, elf Jahre nach Pinheiros Tod, eröffnet.

Im Geburtshaus der Pinheiro-Brüder, einem Eckgebäude am Largo Rafael Bordalo Pinheiro, ist heute das Restaurant *Clara Chiado* **9** *(▸ G4/5)* untergebracht. Die täuschend echt aussehende Keramikschlange im Fenster hat schon so manchen ahnungslosen Passanten erschreckt.

Etwa 25 Kilometer westlich von Lissabon bringt an der Küste von Cascais ein Schwarm von Pinheiros schwarz lasierten Schwalben frischen Wind in die maritime Architekturszene. Die 600 Zugvögel aus seiner Werkstatt fliegen durch die weitläufige Lobby und Bar der Pousada de Cascais, die 2012 eröffnet wurde.

DER BRUDER RETTET EIN KUNSTWERK

Rafael Bordalo Pinheiros jüngerer Bruder Columbano spezialisiert sich als Maler auf die Darstellung von Porträts. Meisterhaft spielt er dabei mit den Kontrasten von Licht und Schatten. Seine Bilder sind nur ein paar Schritte vom Geburtshaus der Pinheiros entfernt im *Museu do Chiado* **26** *(▸ G5)* zu sehen. Das einstige Klostergewölbe wurde nach dem Brand im Chiado renoviert und um einen modernen Anbau erweitert. Zwischen dem neuen und dem alten Trakt liegt ein Innenhof, der mit den Skulpturen portugiesischer Bildhauer belebt ist.

Columbano, Jahrgang 1857, studiert in Paris bei berühmten französischen Künstlern wie Édouard Manet, Edgar Degas und Gustave Courbet. Nach seiner Rückkehr nach Lissabon macht er eine sensationelle Entdeckung: Bei einem Besuch der Klosterkirche São Vicente de Fora findet er im Bauschutt ein wertvolles Polyptychon, das bei der Renovierung weggeworfen wurde. Es sind die Altartafeln von Nuno Gonçalves, des bedeutendsten portugiesischen Malers des 15. Jahrhunderts. Das um 1450 entstandene Altarbild zeigt Szenen aus dem Leben des Lissabonner Stadtheiligen Vinzenz und versammelt an die 100 Köpfe der wichtigsten historischen Persönlichkeiten.

Dank Columbano Bordalo Pinheiro kann das bedeutende Werk gerettet und restauriert werden. »Die Anbetung des heiligen Vinzenz« gilt heute als das wertvollste Bild der alten portugiesischen Meister und hängt im Nationalmuseum für Alte Kunst, dem Museu Nacional de Arte Antiga **29** *(▸ D6)*. Wieder einmal hat der Pinheiro-Clan seine immense Bedeutung für das Kunstleben von Lissabon bewiesen.

CLARA CHIADO **9** ▶ *G4/5*
Largo Rafael Bordalo Pinheiro 27, Chiado
▶ Metro: Baixa-Chiado

MUSEU BORDALO PINHEIRO
Campo Grande 382, Campo Grande
www.museubordalopinheiro.pt
▶ Metro: Campo Grande

MUSEU DO CHIADO **26** ▶ *G5*
Rua Serpa Pinto 4, Chiado
▶ Metro: Baixa-Chiado

CALOUSTE GULBENKIAN

1869–1955

Eine Geschichte wie ein Märchen: Es war einmal ein unermesslich reicher Mann, der fand vor seinen Feinden Asyl in Lissabon – und schenkte der Stadt eine der schönsten Kunstsammlungen der Welt.

Sie küssen sich und lassen sich von niemandem stören. Es ist Freitagnachmittag – die Schule ist aus! Schließlich gibt es nach dem Kunstunterricht auch noch die Lebenskunst! Der Landschaftsgarten der *Fundação Calouste Gulbenkian* ist nicht nur ein lauschiges Versteck für Verliebte, sondern auch ein luftiger, von Teichen und alten Bäumen eingerahmter Ruheraum für Kulturinteressierte aller Altersgruppen. Immerhin erschließen sich vor dem japanisch inspirierten Park gleich zwei der bemerkenswertesten Kunstsammlungen Portugals: das *Centro de Arte Moderna*, die größte Sammlung portugiesischer Malerei und Skulpturen des 20. Jahrhunderts, und das *Museu Caluste Gulbenkian*, ein Museum für alte Kunst, das exquisite Artefakte der orientalischen Kunst beherbergt. Das eine hat seinen Eingang in der Avenida da Berna, das andere liegt gleich um die Ecke in der Rua Dr. Nicolau Bettencourt. Beide Ausstellungshäuser gehören der *Fundação Calouste Gulbenkian*, einer Stiftung, ohne die das kulturelle Leben Portugals kaum denkbar wäre.

Calouste Gulbenkian, ein britischer Staatsbürger mit armenischen Wurzeln, gilt als Pionier der Ölforschung.

Der armenische Ölmilliardär Calouste Gulbenkian, einer der reichsten Männer seiner Zeit, hat der Stadt am Tejo eine der größten privaten Kunstsammlungen der Welt hinterlassen. Sein Name ist in Lissabon mindestens ebenso berühmt wie der von Vasco da Gama, seine Stiftung genießt weltweites Renommee. Trotzdem weiß man in der Öffentlichkeit wenig über den armenischen Ölmagnaten aus dem Mittleren Osten, der während des Zweiten

Das Museu Calouste Gulbenkian in Lissabon beherbergt eine der bemerkenswertesten Ausstellungen von Portugal.

Weltkriegs im neutralen Lissabon Asyl fand und hier die letzten 13 Jahre seines Lebens verbrachte.

Der am Bosporus aufgewachsene Geschäftsmann, der seinen Lebensabend im äußersten Westen Europas verbrachte, jonglierte wie kaum ein anderer im Spannungsfeld zwischen Ost und West. Als Pionier der Ölforschung erkannte er früher als andere das ungeheure Potenzial des Schwarzen Goldes im Mittleren Osten.

Als der Armenier am asiatischen Ufer des Bosporus zur Welt kommt, heißt seine Geburtsstadt Istanbul noch Konstantinopel. Die Gulbenkians zählen zur Oberschicht des kurz darauf zerfallenden osmanischen Reichs. Als orthodoxe Christen gehören sie zwar zu einer Minderheit im muslimischen Land, unterhalten aber als Bankiers und Geschäftsleute gute Beziehungen zum Sultan. Caloustes Vater ist ein wohlhabender Petroleumhändler, seine Mutter hat persische Wurzeln und stammt ebenfalls aus einer angesehenen Familie. Calouste wird weltoffen und kosmopolitisch erzogen, er studiert in Marseille Französisch und macht in London seinen College-Abschluss als Bergbau-Ingenieur.

Eigentlich würde er lieber als Wissenschaftler forschen, doch dann überredet der Vater den Ältesten seiner drei Söhne, ins Petroleumgeschäft einzusteigen. Mit 22 besucht Calouste die Ölfelder von Baku im zaristischen Russland und veröffentlicht darüber einen Bericht, der das Interesse der osmanischen Regierung weckt. Sie beauftragt den jungen Ingenieur, auch potenzielle eigene Ölreserven in Mesopotamien zu untersuchen. Im Gebiet des heutigen Iraks hatten deutsche Geologen bereits 1871 größere Quellen vermutet und sich mit dem Bau der Eisenbahnlinie Berlin-Bagdad Schürfrechte entlang der Trasse gesichert. Gulbenkians Recherchen bestätigen dem Sultan diese Vorkommen, woraufhin dieser die deutschen Konzessionen erst einmal beschneidet.

Am Ende müssen sich die Deutschen mit der türkischen Zusicherung zufriedengeben, bei einer Ausbeutung eventueller Funde den Vorrang vor anderen Ausländern zu erhalten. Dem Armenier Gulbenkian aber wird seine Kenntnis von den Ölvorkommen beiderseits der Bagdadbahn später einmal Milliarden einbringen.

GENIALER SPAGAT ZWISCHEN DEN MÄCHTEN

Doch zunächst muss Calouste seine Heimat verlassen. Nachdem armenische Separatisten die Ottomanische Bank besetzten, ordnet der Sultan Vergeltung gegen die Armenier an. Auch die Gulbenkians fühlen sich nicht mehr sicher und verlassen 1896 das Land. Auf dem Schiff lernt Calouste den armenischen Ölmilliardär *Alexander Mantachef* aus Baku kennen, der ihn als Privatsekretär engagiert und Einblick in die russische Ölindustrie gewährt.

Im selben Jahr lässt sich der 27-jährige Ingenieur als Vertreter der russischen Ölinteressen in London nieder. 1903 bringt er die

Russen in eine Fusion von Royal Dutch und Shell ein und stärkt damit die Ölbarone des Zaren gegen die amerikanische Konkurrenz der von Rockefeller gegründeten Standard Oil. Seit 1902 hat Calouste Gulbenkian die britische Staatsangehörigkeit, behält aber weiterhin seinen alten Pass.

Er sieht voraus, dass die aufblühende Industrie und die militärischen Auseinandersetzungen zwischen den neu entstehenden Nationalstaaten den Bedarf an Treibstoff in die Höhe treiben werden. Gulbenkian ist 1912 in London Mitbegründer der Turkish Petroleum Company, an der neben den Briten auch die Deutsche Bank beteiligt ist. Später verkauft er seine Beteiligung von 15 Prozent gegen einen lebenslänglichen Gewinnanteil von fünf Prozent. Dies bringt ihm den Spitznamen »Mister Five Percent« ein.

Diesen Fünf-Prozent-Anteil wird Calouste Gulbenkian später auch bei den Öl-Konsortien Exxon (Esso), BP und Shell durchsetzen und ein Vermögen erwerben. »Küss die Hand, die du nicht zu beißen wagst«, lautet sein nüchternes Kalkül, das dem gebildeten Kosmopoliten später auch das Exil im rückständigen Portugal von Diktator António de Oliveira Salazar erträglich machen wird.

Wie kein anderer vermittelt der armenische Geschäftsmann erfolgreich zwischen Amerikanern, Briten, Franzosen, Holländern, Türken, Deutschen und Russen bei der Ausbeutung des Treibstoffs im Mittleren Osten. Der Autor Ralph Hewins schreibt in seiner Biographie: *»Hätte Gulbenkian nicht existiert, wären die europäischen Ölmagnaten gezwungen gewesen, ihn zu erfinden.«*

Ab 1915 lebt Gulbenkian in Paris. Dort handelt er nach dem Ende des Ersten Weltkriegs für die französische Regierung aus, dass Frankreich als Kriegsentschädigung den Anteil der Deutschen Bank an der Turkish Petroleum Company erhält. Nach dem endgültigen Zerfall des Osmanischen Reichs wird aus Mesopotamien der Irak, die Turkish Petroleum Company wird zur Iraq

Bronze-Statue mit Globus im Louis XVI-Stil: ein Exponat aus der Sammlung von Calouste Gulbenkian.

Petroleum Company, und die Deutschen sind endgültig raus aus dem Ölgeschäft.

In der Öffentlichkeit hält sich der zierliche Gulbenkian mit dem vollen Gesicht und dem schwarzen Schnauzbart eher zurück. Übertriebenen Luxus findet er vulgär. Sein enormes Vermögen – zeitweise ist er der reichste Mann der Welt – investiert der öffentlichkeitsscheue Geschäftsmann lieber in Kunst. Mit viel Sachverstand baut er sich eine kostbare Sammlung auf. Seine aus Europa und dem Orient zusammengetragenen Artefakte nennt er liebevoll »mes enfants«, meine Kinder.

Gulbenkian sammelte alles, was gut und teuer ist und sucht sich mit dem stilsicheren Geschmack nur das Beste aus allen Stilepochen aus. Persische Teppiche und Fayencen, japanische Lackschatullen und Kalligrafie-Sets, chinesische Jade und Keramik, die großen niederländischen Meister, französische Barock-Antiquitäten. Und er sichert sich die Preziosen seines Pariser Freundes *René Lalique*, dem Genie unter den französischen Juwelieren des Art Nouveau. Später hilft er in Lissabon vielen portugiesischen Malern, nicht in der Versenkung zu verschwinden.

Als die Deutschen im Zweiten Weltkrieg Frankreich besetzen, gerät der Armenier mit dem britischen Pass abermals zwischen die Fronten. Die Briten sehen in ihm jetzt einen Sympathisanten der mit Deutschland kollaborierenden Vichy-Regierung und drohen mit Enteignung. 1942 beschließt Gulbenkian seine Flucht nach Amerika. Der portugiesische Botschafter in Paris überredet ihn zu einem Zwischenstopp im neutralen Lissabon, wo bereits andere deutsche Emigranten wie Marta und Lion Feuchtwanger oder Alfred Döblin vorübergehend Asyl gefunden haben. Die meisten von ihnen verkehren in der Pastelaria Suíça am Rossio, das heute noch eines der bekanntesten Kaffeehäuser der Stadt ist.

Als Gulbenkian 1942 in Lissabon eintrifft, ist das Land rückständig und verarmt und die Analphabetenrate hoch. Doch anders als das besetzte Paris oder London bleibt das neutrale Lissabon vom Krieg verschont. Zu den wenigen Verdiensten Salazars gehört es, Portugal aus dem Zweiten Weltkrieg herauszuhalten. Die Stadt im äußersten Westen Europas mit dem Fluchthafen liegt wie unter einer Käseglocke, abgeschirmt vom Rest der Welt.

Gulbenkian findet Gefallen an den hilfsbereiten Portugiesen und dem angenehmen Klima. Der Tejo erinnert ihn an den Bosporus seiner Heimatstadt Istanbul. Nirgendwo auf der Welt, schreibt er später, sei ihm eine solche Gastfreundschaft entgegengebracht worden. Er entschließt sich, zu bleiben.

TOD IN EINEM LISSABONNER HOTEL

Gulbenkian quartiert sich im Hotel Aviz ein und behält seine Büros in London und Paris. Während sich seine Frau und seine beiden Kinder auf Partys in der Öffentlichkeit zeigen, zieht er sich völlig zurück. Das letzte halbe Jahr seines Lebens ist Gulbenkian ans Bett gefesselt. Als am Vormittag des 20. Juli 1955 eine Krankenschwester nach dem 86-Jährigen schaut, ist der Kunstliebhaber in seinem Hotelzimmer für immer eingeschlafen. Das Aviz gibt es noch, wenngleich im Jahr 2005 völlig neu erbaut.

Erst nach der Testamentseröffnung erfahren viele Lissabonner von der Existenz des Weltbürgers, der ihnen neben seiner Kunstsammlung auch einen großen Anteil seines Vermögens hinter lässt. Aus ihrem dreistelligen Millionenvermögen unterstützt die *Fundação Calouste Gulbenkia*n zahlreiche künstlerische, karitative und wissenschaftliche Projekte, Museen, Orchester, Chöre, Theater, Forschungsinstitute und Bildungseinrichtungen. Im Lissabonner Orchestersaal spielen regelmäßig große Ensembles, es gibt Jazzfestivals und eine Kunstbibliothek. In den ersten Jahren schickt sie sogar rollende Büchereien in die Dörfer.

Das *Museu Calouste Gulbenkian* wird 1969 zum 100. Geburtstag Gulbenkians nach den Plänen der Architekten Ruy Jervis d'Athouguia, Pedro Cid und Alberto Pessoa eröffnet, der zweite Bau für die Moderne kommt 1983 hinzu. Und das Amphitheater im Grünen wird im Sommer zu einer begehrten Freilichtbühne für Jung und Alt, für Kunst und Lebenskunst.

CENTRO DE ARTE MODERNA
Rua Doutor Nicolau Bettencourt, Campolide
www.cam.gulbenkian.pt
▶ Metro: São Sebastião

FUNDAÇÃO CALOUSTE GULBENKIAN
Avenida de Berna 45, Campolide
www.gulbenkian.pt
▶ Metro: Praça de Espanha oder São Sebastião

MUSEU CALOUSTE GULBENKIAN
Avenida de Berna 45A, Campolide
www.museu.gulbenkian.pt
▶ Metro: Praça de Espanha oder São Sebastião

ANTÓNIO DE OLIVEIRA SALAZAR

1889–1970

Er war der Kopf einer Militärjunta und hatte als Langzeit-Diktator das von Europa isolierte Land und Volk 36 Jahre unter seiner Knute. Dann kam die Nacht der »Nelkenrevolutionäre« …

Lissabon, im Frühjahr 1974. Seit fast einem halben Jahrhundert ist Portugal unter einer Militärdiktatur gelähmt. Nahezu vier Jahrzehnte hat General António de Oliveira Salazar, der Dinosaurier unter den faschistischen Machthabern Europas, das kleine Land im Würgegriff gehalten. Seitdem der Diktator sechs Jahre zuvor einen Schlaganfall erlitt, hat sein Nachfolger *Marcelo Caetano* die Zügel in der Hand. Doch im Untergrund gärt es.

Am 24. April wird in der Lissabonner Tageszeitung »República« eine unscheinbare, aber explosive Meldung gedruckt. Es sei sehr lohnenswert, heißt es dort ein wenig ominös, in der Nacht das Radio einzuschalten. Die meisten Hauptstädter dürften die Notiz überlesen haben. Doch einige hören eine halbe Stunde nach Mitternacht im katholischen Sender Rádio Renascença ein Lied, in dessen Strophen es vordergründig um eine kleine Stadt im Alentejo geht. Eine wehmütige Weise, deren poetische Metaphern eine enorme politische Sprengkraft entfalten werden. *»Grândola,*

António de Oliveira Salazar auf einer Fotografie aus den 1960er-Jahren. 36 Jahre beherrschte der Diktator Portugal.

braune Stadt, Heimat der Brüderlichkeit. Das Volk ist es, das am meisten bestimmt in Dir, oh Stadt«, heißt es.

Der Mann, der diese Zeilen mit dunkler, leidenschaftlicher Stimme vorträgt, ist der Sänger José Afonso. Der antifaschistische Liedermacher aus dem Alentejo, von seinen Anhänger liebevoll Zeca genannt, ist bekannt für seine Opposition zur Diktatur. In seiner Hommage an die kleine Stadt beschwört er die Solidarität

Die »Nelkenrevolution« im Frühling 1974: Die Soldaten bekamen vom Volk rote Blumen in die Läufe ihrer Gewehre gesteckt.

unter den entrechteten und verarmten Landarbeitern. Er singt von Gleichheit, »igualdade«, und Brüderlichkeit, »fraternidade«, den Werten der Französischen Revolution. Und von der Steineiche, die schon so alt ist, dass »sie ihr Alter nicht mehr weiß«, und in deren Schatten sich die Männer ihr gegenseitiges Vertrauen beschwören. Zecas Name steht ganz oben auf der schwarzen Liste der Zensoren, das Lied ist streng verboten. Doch in dieser Frühlingsnacht wird es trotzdem gespielt, sogar zweimal hintereinander.

Unter den Diktatoren, die im Europa des 20. Jahrhunderts mit eiserner Faust herrschten, ist Salazar der dienstälteste. Der unscheinbare Universitätsprofessor wird 1928 von der Militärjunta in die Regierung geholt. Er soll die maroden Finanzen sanieren. Ein Militärsturz hatte zwei Jahre zuvor die demokratische Regierung gestürzt. Die Generäle hatten ein leichtes Spiel, denn die nur 16 Jahre währende Republik war politisch und wirtschaftlich äußerst instabil. Nun statten die Militärs ihren 39 Jahre alten Finanzminister mit sämtlichen Vollmachten aus. Salazar erhält Gewerkschaften und Parteien gegenüber freie Hand. So gelingt es ihm mit rigider Sparpolitik, nicht nur den Escudo, Portugals alte Währung, sondern auch seine eigene Position zu stabilisieren.

Vier Jahre nach Amtsantritt ernennt General *Oscar Carmona* den Finanzminister Salazar zum Premierminister. Salazar hat jetzt uneingeschränkte Macht und gibt Portugal eine neue Verfassung, die ihm die Etablierung einer Einheitspartei ermöglicht und nach der nur Bürger mit einem Mindesteinkommen ein Wahlrecht haben. Kein Wunder also, dass Adel und obere Mittelschicht neben der Armee und der Kirche in Salazars Sinne votieren. Für sie ist er der Mann, der ihnen ihre alten Privilegien garantiert.

Salazar, am 28. April 1889 in Vimieiro geboren, ist ein ultrakonservativer, national und in engen Grenzen denkender Mensch. Seine Familie lebt in bescheidenen Verhältnissen im nördlichen Hinterland Portugals. Der Vater hat sich vom Landarbeiter zum Pächter hochgearbeitet, die ehrgeizige Mutter erzieht ihren stillen Sohn zu einem streng gläubigen Katholiken. Als Portugals letzter König Manuel II 1910 zur Abdankung gezwungen wird, ist António 21 Jahre alt und möchte Priester werden. Doch die Jesuiten erkennen das Talent des jungen Mannes und ermöglichen ihm ein Studium an der renommierten Universität von Coimbra.

DEN GROSSGRUNDBESITZERN GEHÖRT DAS LAND

Als der Ökonomieprofessor Salazar nach seiner Lehrtätigkeit das Finanzministerium übernimmt, ist er kaum aus Coimbra herausgekommen und auch nur selten in Lissabon gewesen. Privat lebt er zurückgezogen. Er hat wenig Charisma, und sein Machtapparat ist ebenso primitiv wie effizient. Drei Instrumente genügen, um das Volk still zu halten: Zensur, Folter und die

Geheimpolizei. Die meist adligen Großgrundbesitzer haben alle Rechte und beuten die Landbevölkerung aus. Etwa ein Dutzend einflussreiche Familien kontrollieren über 90 Prozent der portugiesischen Wirtschaft.

Im Zweiten Weltkrieg ist Salazar jedoch schlau genug, um zu den Faschisten in Deutschland und Italien Abstand zu halten. Es gelingt dem portugiesischen Diplomaten Aristides de Sousa Mendes sogar, bis zu 30 000 Menschen die Flucht über Frankreich nach Portugal zu ermöglichen.

Ab 1945 betreibt Salazar einen »stolzen Isolationismus«, er schottet einerseits sein Land vom übrigen Europa ab, andererseits ist Portugal – wegen seiner strikten antikommunistischen Politik und geostrategischen Lage – seit 1949 Mitglied der NATO.

Und der Diktator hält eisern an den Kolonien Azoren, Madeira, Kap Verde, (dem heutigen Inselstaat) São Tomé und Principe, Angola, Guinea-Bissau, Cabinda, Mosambik, Diu, Damao, Macao und Osttimor fest. António de Oliveira Salazar ist sogar unverhohlen stolz, Herrscher über die dritte Kolonialmacht nach Großbritannien und Frankreich zu sein. Schließlich sind es die Kolonien, die zum Ende der Diktatur führen. Sie werden in Afrika zu einem ständigen und kaum mehr zu kontrollierenden Unruheherd, aus dem sich lokale Kriege entwickeln. Sogar die Militärs, allen voran General António de Spínola, müssen einsehen, dass diese Kriege in Afrika nicht zu gewinnen sind.

Übrigens wird Spínola, eine ambivalente Figur, 1974 einer der Köpfe der »Nelkenrevolution« und für ein halbes Jahr der erste provisorische Staatspräsident der Dritten Republik. 1975 putscht der »Mann mit dem Monokel« erfolglos und flieht ins Exil, aus dem er ein Jahr darauf zurückkehrt.

Salazar zieht sich 1968 nach seinem Schlaganfall in seinen Heimatort Santa Comba Dão zurück und stirbt zwei Jahre darauf.

Ponte 25 de Abril. Vor der Revolution war die Brücke über den Tejo nach dem Diktator Salazar benannt.

Sein Nachfolger Caetano kann sich bis 1974 halten, dann fegt ihn die »Nelkenrevolution« hinweg.

Das eingangs erwähnte Lied, das in jener schicksalshaften Aprilnacht 1974 im Radio gespielt wurde, versetzt der Ära Salazar den musikalischen Todesstoß. Im Untergrund gärt es schon lange. Wie gefährlich der Widerstand gegen die bespitzelnde und folternde Staatsgewalt war, wird auch in Pascal Merciers Erfolgsroman »Nachtzug nach Lissabon« beschrieben.

Doch nun schlagen die Aktivisten der Oppositionsbewegung Movimento das Forças Armadas (MFA) sowie die in den Aufstand eingeweihten Teile der Armee noch in derselben Nacht zu. Die revolutionären Truppen besetzten umgehend die wichtigsten Ministerien.

Auch die Lissabonner, die das Lied im Radio hören, ahnen sofort, dass etwas passieren wird. Sie strömen in den frühen Morgenstunden des 25. April auf die Straßen und jubeln den Befreiern zu. Viele springen vor Begeisterung auf die Panzer und stecken rote Nelken in die Gewehre. Ihre Befreier lassen sie gewähren.

Die Menschen strömen zum Chiado, wo die Zentrale der politischen Partei ihren Sitz hat und von dort aus weiter zur Carmo-Kaserne am Largo do Carmo, der inzwischen von den aufständischen Militärs umzingelt ist. »*So zogen wir also los, und wo wir auch vorbeikamen, schlossen sich immer mehr Menschen an, mit uns das Volk, das Land, die ganze Welt*«, erinnert sich der Lissabonner Schriftsteller und Journalist José Cardoso Pires.

»*Unstete Matrosen kamen mit uns und fahnenflüchtige Soldaten vergangenheitshöriger Regimenter, die sich noch nicht ergeben hatten; einfach Leute und Menschen, die sich mittreiben ließen … Ein festlicher Wirbelwind fegte von den Hügeln der Hauptstadt, schwoll unten auf den großen Plätzen und Alleen an, stieg erneut auf und erreicht wie von Schicksalshand geleitet die Anhöhen des Chiado.*«

Immer wieder singen die Menschen das Befreiungslied. Drinnen verschanzt sich die Diktatur. Der Ministerpräsident hat sich allein eingeschlossen, den Ministern, diesen »*goldbetressten Mördern, deren Atem wie nassgewordenes Pulver riecht, klappern vor Angst die Zähne*«, schreibt Pires. »Freiheit, Freiheit, nie wieder Faschismus!«, skandieren draußen die Menschen.

VIER DEMONSTRANTEN WERDEN ERSCHOSSEN

Noch ist nichts entschieden, eine Panzerkolonne der Guarda Nacional Republicana rollt zum Largo do Carmo. Das letzte Aufgebot einer Diktatur, die noch einmal versucht, den Lauf der Zeit aufzuhalten. Dann sind, mitten im Lärm der voll aufgedrehten Radios, plötzlich Schüsse zu hören. »Achtung, Achtung«, rufen die Sprecher aufgeregt, »dort oben quillt Rauch aus dem Dach.«

Dort oben in der Rua António Maria Cardoso, wo die PIDE, Salazars berüchtigte Geheimpolizei, ihren Sitz hat. Und wo die ehemaligen Folterknechte bereits ihre Dokumente verbrennen. Aus den Fenstern des Gebäudes erschießen die Soldaten vier junge Demonstranten. Heute erinnert eine Tafel an die Opfer.

18 Stunden nach der Ausstrahlung des Revolutionslieds ist alles vorbei und Europas älteste Diktatur gestürzt. Die Militärregierung kapituliert und geht ins Exil. *»Mit Getöse stürzte die Kathedrale der Angst schließlich ein, ein halbes Jahrhundert, an einem einzigen Tag besiegt, und wohin man auch schaute, sah man nur Tränen und Nelken und Menschen, die sich um den Hals fielen, das ging von Mensch zu Mensch, von Straße zu Straße, dehnte sich nach Norden und nach Süden, bis zum Meer und bis über das Meer hinaus«*, jubelt José Cardoso Pires.

Die »Nelkenrevolution« ist in Portugal bis heute nicht vergessen. Das eindrucksvolle Monumento ao 25 de Abril 25 *(▸ E1)* erinnert an die »Nelkenrevolutionäre«. Das größte Denkmal für diesen Umbruch ist jedoch die *Ponte 25 de Abril* 32 *(▸ A 7)* über den Tejo, mit 2278 Metern eine der längsten Hängebrücken der Welt. 1962 hat sie der Diktator bauen und nach ihm *Ponte de Salazar* nennen lassen. Sofort nach der Revolution wird sie umbenannt. Damit beginnt eine strikte Ächtung des Namens Salazar. Ganz Portugal bannt ein Gespenst der Vergangenheit.

MONUMENTO AO 25 DE ABRIL 25 ▶ *E1*
Parque Eduardo VII, Campolide
▶ Metro: Parque

PONTE 25 DE ABRIL 32 ▶ *A 7*
Alcântara
▶ S-Bahn: Alcântara-Mar

FERNANDO PESSOA

1888–1935

Er war ein rätselhafter Beobachter seiner Heimatstadt – und ein Rätsel für sich selbst. Noch heute begegnen wir diesem wunderbar fantasievollen Literaten in den Cafés von Lissabon.

Da sitzt er mitten auf dem Bürgersteig des quirligen Bairro Alto, ein schmaler Mann, korrekt gekleidet mit Fliege, Hut und Gehrock, die Beine übereinandergeschlagen, und trinkt seine Bica, eine portugiesische Espressovariation. Mit eiserner Geduld, ungerührt von den fotografierenden Touristen an den Nachbartischen, schaut er der Zeit beim Verstreichen zu: Lissabons Kaffeehausdichter Fernando Pessoa. Seine Bronzefigur vor dem Jugendstilcafé im Stadtteil Chiado *A Brasileira* **1** *(▸ G5)* ist das Ziel zahlloser Fotografen. Jeder Tourist, der vorbeikommt, lässt sich Seite an Seite mit dem berühmten Literaten ablichten. Ein Lissabonbesuch ohne ein gemeinsames Foto mit Pessoa ist offenbar kein authentisches Stadterlebnis.

Niemand, kein Schriftsteller vor und keiner nach ihm, hat die Seele seiner Heimatstadt lyrischer ausgelotet als er. Und niemand ist dabei selbst als Person so rätselhaft und unergründlich geblieben wie er. Der bedeutendste Wegbereiter der modernen portugiesischen Literatur ist ein Autor mit verwirrend vielen

Der Dichter Fernando Pessoa wurde 1988 auf einem 100 Escudos-Geldschein verewigt.

Gesichtern – und inzwischen selbst ein Mythos. Er führt nicht nur ein literarisches Doppel-, sondern ein multiples Leben, denn er verfasst die Romane, Essays und Gedichte unter verschiedenen Namen und Identitäten.

Als Autoren seiner zahlreichen Manuskripte erfindet er fiktive Schriftstellerkollegen. Diesen sogenannten Heteronymen verleiht er unterschiedliche Namen, Lebensläufe und Sprachstile. Damit

Vor dem berühmten Café Brasileira im Chiado sitzt Fernando Pessoa in Bronze.

geht Fernando Pessoa weit hinaus über die Angewohnheit anderer Autoren, die ihre Werke hinter einem einzigen Pseudonym verstecken. Wie ein Schauspieler changiert er mit Identitäten, Charakteren und Sprachstilen.

Seine wichtigsten Werke veröffentlicht Pessoa unter den Namen Alberto Caeiro, Ricardo Reis und Álvaro de Campos. Für jedes Heteronym erstellt der für esoterische Gedankenspiele empfängliche Dichter, der mit dem englischen Okkultisten *Aleister Crowley* befreundet ist, sogar ein eigenes Horoskop.

»In gewissen strahlenden Augenblicken des Nachdenkens, wenn ich beispielsweise zu Beginn des Nachmittags beobachtend über die Straße gehe, bringt mir jeder Passant eine Nachricht, schenkt mir jedes Haus eine Neuigkeit, enthält jedes Plakat einen Hinweis für mich. Mein stummer Spaziergang ist ein beständiges Gespräch, und wir alle, Menschen, Häuser, Steine, Plakate und Himmel, sind eine große, befreundete Masse, die sich mit Worten anrempelt in der großen Prozession des Schicksals.«

So berichtet Pessoas Alter Ego Bernardo Soares, Hilfsbuchhalter und unermüdlich auf der Straße Lissabons unterwegs wie sein Schöpfer, über seine Streifzüge durch die portugiesische Hauptstadt. In seinem berühmten »Buch der Unruhe« lässt Pessoa sein literarisches Alter Ego über den Alltag reflektieren, über Menschen, ihre Stimmungen und Verstimmungen und vor allem über das Leben selbst. Beobachtungen, Skizzen und Assoziationen fügen sich zu einem literarischen Kompendium, in dem es vor allem um existenzielle Fragen geht.

GESCHICHTEN AUS DEM LISSABONNER ALLTAG

Fernando Pessoa ist in Lissabon geboren und hat hier auch den größten Teil seines Lebens zugebracht. Auch seine Werke kreisen um die Stadt, die er so gut kennt und immer wieder neu ergründet. Ob im Café, auf der Straße und in der Trambahn, überall in der Lissabonner Altstadt saugt er den Alltag auf, sammelt er Anregungen für seine Bücher. *»Ich fahre in der Straßenbahn und beobachte dabei geruhsam, wie es meine Art ist, die Einzelheiten der vor mir sitzenden Personen ... Das ganze Leben in der Gesellschaft liegt vor meinen Augen.«*

Schon als kleiner Junge denkt er sich fiktive Spielgefährten aus, in deren Namen er sogar Briefe an sich selbst schreibt. Da ist Lissabons berühmtester Schriftsteller gerade mal sechs Jahre alt. Als der Vater 1893 stirbt, zieht die Familie von der Praça São Carlos in die Rua de São Marçal, wo der junge Fernando sein erstes Gedicht schreibt und es der Mutter widmet. Später heiratet seine Mutter ein zweites Mal, die Familie wandert nach Südafrika aus, wo Fernandos Stiefvater Konsul ist. Fernando verbringt seine Jugend in Durban an der südafrikanischen Westküste.

Mit 17 Jahren kehrt er in seine Geburtsstadt zurück. Er wohnt zunächst in der Rua Dom Carlos, die heutige Avenida Dom Carlos, später bei Verwandten in der Rua de São Bento und dann in der Rua da Bela Vista im vornehmen Stadtviertel Lapa. Er studiert Literatur und verdient seinen Lebensunterhalt als Handelskorrespondent. Nebenbei schreibt er Gedichte und Essays für

Zeitschriften und gründet zusammen mit dem Dichter Mário de Sá-Carneiro später selbst die Literaturzeitschrift »Orpheu«.

Tagsüber arbeitet er in der Baixa, in wechselnden Büros in der Rua da Prata, der Rua do Ouro und der Rua Augusta. Mittags speist er oft in einem der Lokale auf der Rua dos Douradores, dort, wo auch sein Hilfsbuchhalter Soares am liebsten isst. In seiner Freizeit, abends oder an den Wochenenden schreibt er wie ein Besessener, »zu jeder Stunde, an jedem Ort«. Am liebsten sitzt er in einem Kaffeehaus, beobachtet die Menschen und reflektiert über Gott und die Welt. Er ist ein waschechter Kaffeehausdichter.

Am Spätnachmittag, nach getaner Arbeit im Büro, gönnt er sich einen Abstecher in sein zweites Stammkaffee, das *Martinho da Arcada* **23** *(▸ H5)* an der Praça do Comércio. Heute versammeln sich hier neben Geschäftsleuten und Beamten aus der Baixa auch gelegentlich Touristen zu einem schnellen Imbiss. Dem Café unter den gelben Arkaden, das sehr gute hausgemachte mit Sahne gefüllte Pastéis, eine wahre Kalorienbombe, anbietet, ist ein stilvolles Restaurant angeschlossen. Auch hier hat man ihn liebevoll verewigt. Diesmal auf Kacheln, die der Maler Júlio Pomar gestaltet hat. Schmalgesichtig, schnauzbärtig und beschattet von der Krempe eines tief in die Stirn gedrückten Huts, blickt der Dichter hinter seiner Nickelbrille auf die Kaffeehausbesucher herunter.

Liebe, Romantik und die Sehnsucht nach dem anderen Geschlecht, all dies spielt in seinem Leben eine untergeordnete Rolle. Schon als 20-Jähriger notiert er melancholisch: *»Keine Seele ist so einsam wie die meine – wohlverstanden, nicht einsam durch äußere, sondern innere Gegebenheiten.«* Und sechs Jahre später hält er schriftlich fest: *»Nach und nach zerbrechen mir alle Bindungen. In Kürze werde ich ganz allein sein.«*

Ist es Enttäuschung oder Bindungsangst, die den Dichter zum Rückzug in den Elfenbeinturm zwingt? Oder einfach nur

Das Trambahnnetz der Eléctricos de Lisboa im Bairro Alto – eine Lissabonner Impression, wie Pessoa sie liebte.

»Saudade«, die eigentümliche Traurigkeit der Portugiesen, die ihren musikalischen Ausdruck auch im Fado findet?

Nur eine einzige Frau berührt sein Herz. Doch auch die Liebesbeziehung zu *Ofélia Queirós* ist nicht von Dauer, auch wenn sie nach neun Jahren noch einmal vorübergehend aufflammt. Der zurückhaltende, scheue Dichter hütet sein Innerstes, obwohl er es doch scheinbar in so vielen Personen nach außen kehrt. Er bewahrt seine Manuskripte in einer Truhe auf und veröffentlicht zu Lebzeiten nur einen Bruchteil seines umfangreichen Œuvre.

Fernando Pessoa, der ein starker Raucher und Trinker ist, stirbt am 30. November 1935 im Lissabonner Hospital de São Luís in der Rua Luz Soriano an einer Leberzirrhose. Seinen letzten Satz schreibt er auf Englisch: *»I don't know what tomorrow will bring – Ich weiß nicht, was der morgige Tag bringt …«* Pessoa, der hochintellektuelle Lissabonner Haus- und Hofdichter, der sich selbst in einem Brief einmal als »mystischer Nationalist« und »rationaler Sebastianist« bezeichnet hat, bleibt bis heute schillernd und vieldeutig.

»Ich habe immer gesucht, ein Zuschauer des Lebens zu sein, ohne mich in das Leben einzumischen. So wohne ich dem, was mir

passiert, wie ein Fremdling bei«, hat er einmal geschrieben. Für die nach seinem Tod populär werdende Psychoanalyse wäre der Autor sicher ein spannendes Studienobjekt geworden. Sich selbst hat Pessoa eine »tief verwurzelte hysterische Veranlagung« attestiert. *»Der geistige Ursprung meiner Heteronyme beruht auf meiner angeborenen, beständigen Neigung zur Entpersönlichung und Verstellung. Diese Phänomene haben sich – zu meinem und meiner Mitmenschen Glück – in mir vergeistigt«*, schreibt er nicht ohne Selbstironie an einen Freund.

DER DICHTER IST ÜBERALL GEGENWÄRTIG

Pessoas literarischer Nachlass ist enorm. Er umfasst mehr als 24 000 Schriften, Romane, Gedichte, Essays, literarische Skizzen – natürlich unter verschiedenen Namen. Sogar ein unveröffentlichter Reiseführer ist dabei: »Mein Lissabon: Was der Reisende sehen sollte.« Das Buch wird posthum veröffentlicht und skizziert Pessoas Heimatstadt als mystischen, vielschichtigen Ort, als »schönes Traumgesicht« über dem Tejo. Allzu große Ansprüche an historische Genauigkeit sollte der Leser allerdings nicht stellen, denn Pessoa nimmt sich jede Menge dichterischer Freiheiten heraus, wie sie auch das Museum *Casa Fernando Pessoa* **6** *(▸ D 4)* in einem Haus der Familie dokumentiert.

Pessoa fasziniert nicht nur eine wachsende Leserschaft, er wird bis heute auch von Kollegen im In- und Ausland sehr geschätzt. Der portugiesische Literaturnobelpreisträger José Saramago setzt ihm mit seinem Buch »Das Todesjahr des Ricardo Reis« ein literarisches Denkmal. Saramagos Protagonist kommt 1935, im Todesjahr Pessoas, nach Lissabon und führt mit dem Geist des verstorbenen Dichters Gespräche.

Ein großer Fan ist auch der 2012 in Lissabon verstorbene italienische Schriftsteller und Pessoa-Übersetzter Antonio Tabucchi, dessen Roman »Die letzten drei Tage des Fernando Pessoa« auch auf Deutsch erschienen ist.

Heute treffen die Besucher Lissabons auf Schritt und Tritt auf Spuren des Dichters. Ob in einem seiner Cafés oder in der Metrostation Alto dos Monhos, wo er mit seinen Heteronymen am Kaffeehaustisch sitzt oder im Kloster von Belém, in dessen Kreuzgang eine Gedenksäule an den unsterblichen Pessoa erinnert.

So vielschichtig wie der Dichter selbst ist auch sein portugiesischer Name, der in der Übersetzung nicht nur »Person« bedeutet, sondern auch »Maske«, »Fiktion«, »Niemand« oder »Irgendwer« heißen kann. Kein Wunder, dass sein italienischer Verehrer Tabucchi immer wieder darüber nachgrübelte, ob es den Dichter tatsächlich gegeben hat oder ob *»Pessoa nicht einfach nur eine geniale Erfindung des Dichters Pessoa«* ist.

A BRASILEIRA **1** ▶ *G5*
Rua Garrett 120, Chiado
▶ Metro: Baixa-Chiado

CASA FERNANDO PESSOA **6** ▶ *D4*
Rua Coelho da Rocha 16, Chiado
http://casafernandopesoa.em-lisboa.pt
▶ Metro: Baixa-Chiado

MARTINHO DA ARCADA **23** ▶ *H5*
Praça do Comércio 3, Baixa-Chiado
www.martinhodaarcada.pt
▶ Metro: Terreiro do Paço

MOSTEIRO DOS JERÓNIMOS (HIERONYMUSKLOSTER)
Praça do Império, Belém
www.mosteirojeronimos.pt
▶ Tram: Belém-Jerónimos

MARIA HELENA VIEIRA DA SILVA

1908–1992

Sie war eine der bedeutendsten Malerinnen Portugals. Obwohl sie meist in Paris lebte, hat sie Lissabon geprägt. Wer ihre Kunst kennenlernen will, muss einfach nur die U-Bahn nehmen.

Menschen in U-Bahnhöfen: Sie stehen herum, starren in ihre Handys oder auf die Uhr, warten auf den Zug. Oft ist das eine öde Angelegenheit, verlorene Zeit. Wo die Pendler anderer Großstädte auf Betonwände blicken, da dürfen die Lissabonner moderne Kachelkunst betrachten. Unter der portugiesischen Hauptstadt versteckt sich ein aufregendes Untergrundmuseum. Eine ungewöhnlich lebhafte Kunstgalerie von enormer Ausdehnung und ungewöhnlichem Zuschnitt. Ihr Besucherandrang ist stürmisch, die Eintrittskarte spottbillig: ein Metroticket. Denn die Metropolitano de Lisboa lässt ihre Bahnhöfe von Künstlern gestalten, die ihre Entwürfe auf Azulejos, Mosaike aus bunt bemalten Keramikfliesen, übertragen. So führen die Verkehrsbetriebe ihren Fahrgästen en passant die künstlerische Elite des Landes vor Augen und subventionieren zugleich ein traditionelles, von den Mauren ins Land gebrachtes Handwerk.

Von Anfang an schmückt die Lissabonner U-Bahn ihre Stationen mit den glänzenden Azulejos. Sind es in den Sechzigern

Die Malerin Maria Helena Vieira da Silva, aufgenommen im Jahr 1981. Da pendelte sie zwischen Lissabon und Paris.

noch überwiegend geometrische Muster, so kommen später ganze Kacheltableaus hinzu, also aus einzelnen Fliesen zusammengesetzte Bilder. Zur Expo 1998 werden erstmals ausländische Künstler wie der Wiener Friedensreich Hundertwasser dazu eingeladen, ihre Ideen im Lissabonner Untergrund zu präsentieren.

Wer die Werke von Maria Helena Vieira da Silva, einer der berühmtesten portugiesischen Malerinnen, sehen will, muss

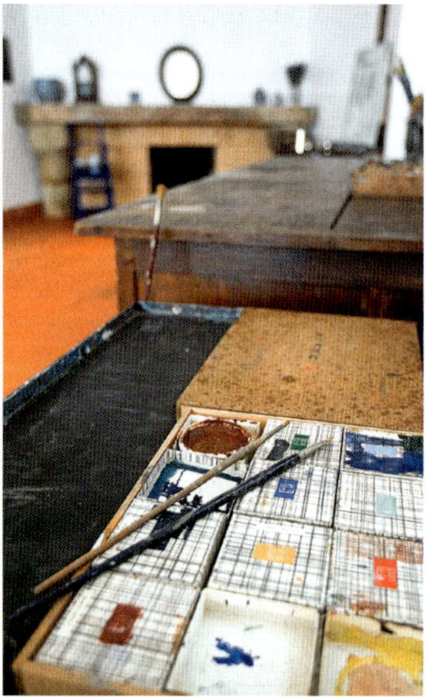

Blick in das Lissabonner Atelier der Malerin Maria Helena Vieira da Silva.

ebenfalls nicht unbedingt ihr Museum im Stadtviertel Rato besuchen. Er kann auch an der Universität in die U-Bahn steigen und landet mitten in einem ihrer berühmtesten Bilder. Die lange Zeit in Paris lebende Künstlerin hat die Metrostation *Cidade Universitária* wenige Jahre vor ihrem Tod komplett ausgestaltet. Die damals 76-jährige Künstlerin greift dabei auf ihr früheres Bild von der Pariser Metro zurück. Es zeigt, wie sich die Menschen während des Zweiten Weltkriegs in den Metroschächten verstecken. Eng aneinandergepfercht, suchen sie Zuflucht vor den Deutschen: die Metro als Schutzraum.

In der U-Bahn-Station *Cidade Universitária* erweitert die Künstlerin dieses Motiv und dehnt es auf den unterirdischen Raum aus. Dort gesellen sich zu den Parisern auch französische und portugiesische Intellektuelle, Dichter und Denker aus den verschiedenen Epochen und Ländern – von der griechischen Klassik bis ins 20. Jahrhundert. Unter ihnen sind der antike Philosoph Sophokles, der französische Existenzialist Albert Camus und der portugiesische Schriftsteller José Maria Eça de Queiros.

Seither laufen die Studenten gleichsam durch das Metrobild hindurch, vorbei an den literarischen Gestalten der Vergangenheit, die in der Mode ihrer jeweiligen Epoche dargestellt sind.

Eine Schreibmaschine illustriert das künstlerische Leitmotiv: Literatur aus dem Untergrund.

Über den Köpfen der Zuflucht suchenden Intellektuellen schweben Buchstaben, die sich am Bahnsteig zu einem Satz des Dichters Cesário Verde zusammenfügen: »*Auch wenn ich niemals sterben würde – ich würde immer an der Vervollkommnung der Dinge weiterarbeiten!*« In der Eingangshalle hat die Malerin ihre Signatur in der Maske eines Käuzchens hinterlassen. So treffen im gemalten Lissabonner »Luftschutzbunker« von Maria Helena Vieira da Silva Geschichte, Literatur, Malerei und Kachelkunst aufeinander.

ENTSCHEIDENDE BEGEGNUNG IN PARIS

Das Originalbild »Le Metro« aus dem Jahr 1940 hängt heute in der *Fundação Vieira da Silva* **13** *(▸ E3)* an der Praça das Amoreiras. Hinter den gelben Mauern einer ehemaligen Seidenfabrik sind neben ihren Werken auch Kunstwerke ihres Mannes, des ungarischen Malers *Árpád Szenes,* ausgestellt.

Maria Helena Vieira da Silva, die 1908 in Lissabon geboren wurde und im Alter von 83 Jahren in Paris an Krebs starb, gilt als eine der international bedeutendsten abstrakten Malerinnen der Nachkriegsära. Fast alle europäischen und amerikanischen Museen von Rang haben Werke von ihr erworben.

Maria Helena kommt am 13. Juni 1908 als einzige Tochter eines wohlhabenden Lissabonner Paares zur Welt. Schon früh steht für die junge Portugiesin fest, dass sie Künstlerin werden will. Als sie drei Jahre ist, stirbt ihr Vater *Marcos Vieira da Silva.* Im Alter von fünf Jahren fängt sie an, Klavier zu spielen. Die Musik wird sie ihr Leben lang begleiten, auch später in ihren Ateliers wird Maria Helena immer wieder Klavier spielen oder beim Malen Musik hören.

Mit elf beginnt sie zu zeichnen und wenig später plastisch zu arbeiten. Ihre Mutter *Maria do Céu da Silva Graça* unterstützt und fördert die Begabung der Tochter. Maria Helena studiert an der Lissabonner *Escola das Belas Artes*, sie lernt Zeichnen bei *Emilia Santos Braga* und Modellieren bei *Ruggiero Andrade*. 1926 zieht sie mit ihrer Mutter ins Alto de São Francisco, in die unmittelbare Umgebung ihrer späteren Stiftung, und schreibt sich auch für anatomische Studien ein.

Wie die meisten Künstler jener Zeit entschließt sich auch Maria Helena Vieira da Silva, ihre Ausbildung in Frankreich fortzusetzen. In der führenden Kulturmetropole Europas treffen sich damals alle Maler, denn hier geschehen die aufregendsten Entwicklungen, hier verabschiedet sich der Realismus. Und so ziehen auch Mutter und Tochter 1928 nach Paris.

Kurz nach ihrem Eintreffen an der Seine lernt sie Árpád Szenes kennen. Der elf Jahre ältere Kommilitone stammt aus einer intellektuellen Budapester Familie und schlägt sich auf dem Montmartre zunächst mit Karikaturen durch. Zwischen der scheuen Portugiesin und dem kosmopolitischen Ungarn entsteht eine tiefe menschliche und künstlerische Verbindung, die mehr als ein halbes Jahrhundert lang bis zu Árpáds Tod 1985 halten wird. Die beiden heiraten 1930 und lassen sich in Paris nieder.

Noch im selben Jahr werden Silvas Bilder zum ersten Mal öffentlich in einer Gemeinschaftsausstellung in der Lissabonner Kunstakademie am Largo da Academia Nacional de Belas Artes gezeigt. Fünf Jahre später hat sie in einer Galerie am Tejo ihre erste Einzelausstellung. Wenig später erwirbt die international renommierte Guggenheim Collection das erste Bild von Maria Helena Vieira da Silva.

Mitte der 1930er-Jahre lebt das Paar vorübergehend wieder in Portugal. Maria Helena und Árpád stellen ihre abstrakten

Árpád Szenes malte 1940 seine Frau. Das Bild zeigt Maria Helena Vieira da Silva bei ihrem künstlerischen Schaffen.

Bilder in ihrem Lissabonner Atelier aus. Vier Jahre später findet in Paris die erste größere gemeinsame Ausstellung des Künstlerehepaares statt.

Nach dem Ausbruch des Zweiten Weltkriegs verlassen die beiden Künstler Frankreich und fliehen nach Lissabon. Árpád ist inzwischen zum Katholizismus konvertiert. Trotzdem verweigert die Lissabonner Regierung dem inzwischen Staatenlosen die portugiesische Staatsbürgerschaft. Deshalb und weil der Krieg immer näher rückt, schiffen sich die beiden 1940 nach Brasilien ein, wo sie die nächsten sieben Jahre leben.

Immer mehr löst sie sich von der gegenständlichen Malerei und entwickelt ihren eigenen, stark raumbezogenen, fast architektonischen Stil. Sie malt abstrahierte Stadtlandschaften, lässt Brücken, Eisenbahnen und andere urbane Motive die Struktur der Bilder bestimmen.

Eines ihrer schönsten Gemälde zeigt eine leinwandfüllende, in erdig-warmen Rottönen flammende Bibliothek. Später werden ihre Bilder poetischer und pastelliger, von hauchzarten Linien und hellen Lichtfeldern geprägt.

Kurz nachdem Maria Helena 1946 mit ihrer Ausstellung in New York ihren internationalen Durchbruch feiert, kehrt das Paar nach Paris zurück. Der wachsende Erfolg bringt beiden zahlreiche Ausstellungen und Preise überall auf der Welt.

Auch die Lissabonner Gulbenkian-Stiftung erwirbt Bilder und organisiert Ausstellungen und Retrospektiven. Obwohl Maria Helena Vieira da Silva und Árpád Szenes 1956 die französische Staatsbürgerschaft annehmen und bis zu ihrem Tod in Paris leben, sind beide immer wieder mit Ausstellungen in Portugal präsent.

DER TOD ALS TRIEBFEDER

1968 wird Maria Helena zum Ehrenmitglied des portugiesischen Schriftstellerverbands ernannt. Sie ist eine vielseitige Künstlerin, entwirft Tapeten, illustriert Gedichtbände und gestaltet Kirchenfenster. Einer ihrer kostbaren Wandteppiche hängt heute im Hotel Four Seasons Ritz **11** *(▸ E2)*. Trotz ihres Erfolgs wird die menschenscheue, bescheidene Künstlerin mit den großen ausdrucksstarken Augen immer wieder von Selbstzweifeln und Melancholie geplagt. Sie meidet die Öffentlichkeit und hält sich lieber in ihrem Atelier auf. In einem ihrer seltenen Interviews sagt sie zu ihrer Kunst: *»Die Betrachter sollen durch meine Bilder etwas finden, das ihnen Gesellschaft leistet, Geschichten erzählt und Sicherheit gibt.«*

1987, zwei Jahre nach dem Tod Árpáds, ruft sie in Lissabon die Arpad Szenes-Vieira da Silva-Stiftung ins Leben. Schon immer hat sie sich intensiv mit dem Sterben beschäftigt. Eine Kritikerin beschreibt das so: *»Die oft schwermütige Künstlerin sah den Tod als einen erlösenden Moment am Ende eines Lebens voller*

Irrungen und Wirrungen an, sehnte ihn gar herbei und räumte ihm eine exponierte Stellung in ihrem Werk ein. Je älter sie wurde und je näher sie ihren eigenen Tod rücken sah, desto lichter wurden die Labyrinth-Bilder … In den letzten Stunden vor ihrem Tod malte da Silva eine Reihe von vier Bildern. Darin illustriert sie ihre Begegnung mit dem Tod, dargestellt als eine vermummte Gestalt mit langem Gewand, die aber in der für da Silva typischen irisierenden Malweise nur angedeutet ist und mit dem Hintergrund verfließt.«

Vor dem Museum des Künstlerpaares liegt ein Park, an dessen grünem Pickelhauben-Kiosk sich die Leute aus der Nachbarschaft am Nachmittag zu einer Bica, einem Espresso, treffen. Die *Praça das Amoreiras*, der Platz der Maulbeerbäume, mit seinen Brunnen und Bänken ist ein friedlicher Ort, eine grüne Oase abseits des Großstadttrubels. Gegenüber verläuft ein Teil der alten oberirdischen Wasserleitung. Unter den barocken Bögen des Aquäduktes versteckt sich eine hübsche Kapelle, in der abends Gottesdienst gehalten wird. Das alte Wasserreservoir Mae d'Agua an der Stirnseite des Parks ist inzwischen öffentlich zugänglich. Ab und zu finden unter dem mystischen Gewölbe Konzerte statt.

FOUR SEASONS HOTEL RITZ **11** ▶ *E2*
Rua Rodrigo da Fonseca 88, Rato
www.fourseasons.com/lisbon
▶ Metro: Marquês de Pombal

FUNDAÇÃO ARPAD SZENES-VIEIRA DA SILVA **13** ▶ *E3*
Praça das Amoreiras 56, Rato
www.fasvs.pt
▶ Metro: Rato

METROSTATION CIDADE UNIVERSITÁRIA
Avenida Professor Gama Pinto, Campo Grande
▶ Metro: Cidade Universitária

AMÁLIA RODRIGUES

1920–1999

Fado ist der Blues von Lissabon, heißt es. Doch er ist so viel mehr – ein Spiegel der wehmütigen und melancholischen Seele Portugals. Vor allem wenn ihn diese große Künstlerin zelebriert.

Ein paar Jungs aus der Nachbarschaft kicken ihren Ball über das Pflaster. Zwei gebeugte Matronen in Schwarz tragen pralle Einkaufstaschen nach Hause, ein alter Mann öffnet den Fensterladen. Auf dem kleinen Platz am Hafen spielt sich das Lissabonner Leben noch in jenem nostalgischen Tempo ab, das man an alten Schwarz-Weiß-Alben schätzt. Man würde sich aber auch nicht wundern, wenn plötzlich eine Stimme aus dem Off »Cut!« rufen würde.

In diesem abgelegenen Winkel des Maurenviertels Alfama wurde im 19. Jahrhundert der Fado geboren. So einzigartig und so typisch für Lissabon ist diese Musikrichtung, dass man ihr vor wenigen Jahren hier ein eigenes Museum gewidmet hat. Im *Museu do Fado* **27** *(▸ J5)* wird nicht nur dessen Geschichte dokumentiert, hier finden auch regelmäßig Konzerte statt.

Auf einer großen, sich über zwei Stockwerke erstreckenden Fotowand begrüßen die berühmtesten Sänger die Besucher. Aus der heterogenen Gruppe sticht eine Figur heraus: Amália Rod-

Eine schöne Frau mit einer Stimme, die den Fado um die Welt bringt: Amália Rodrigues auf einer Portätfotografie.

rigues, die Königin des Fado. Man erkennt sie, auch ohne den Namen identifiziert zu haben. Mit ihrer elegant gebändigten Löwenmähne ist sie die glamouröseste Erscheinung im Raum. Eine schöne Frau mit klaren, ebenmäßigen Gesichtszügen. Alterslos, elegant und perfekt frisiert – eine Diva durch und durch.

Ein völlig anderer Typ als die zierliche, alte Dame mit der aufrechten Haltung ist Argentina Santos, die Königin der Herzen

Neben verschiedenen Fado-Künstlern zeigt die Wandcollage im Museu do Fado Amália Rodrigues (Mitte), die Stilikone des Fado.

und mit Sicherheit die authentischste noch lebende Fadosängerin. Während Amália Rodrigues ein internationaler Star wurde, ist Argentina Santos eine Lissabonner Legende. Ihr Fadolokal *Parreirinha da Alfama* **30** *(▸ J5)* liegt ein paar Straßen weiter, und es ist ein ganz großer Moment, wenn die inzwischen knapp 90-jährige Geschäftsinhaberin aus der Küche kommt und für ihre Gäste singt.

Auf der Fotowand im Fadomuseum blicken die beiden so unterschiedlichen Frauen in die Kamera, jede strahlt auf ihre Weise Stolz, Selbstbewusstsein und Ernsthaftigkeit aus. Der weißbärtige Herr mit der Brille und dem offenen Hemdkragen ist Carlos do Carmo, der Grandseigneur des Fado. Diese drei – Amália Rodrigues, Argentina Santos und Carlos do Carmo – sind die wichtigsten Vertreter des Fado der älteren Generation und Maßstab für die Jüngeren.

Um den Fado, der inzwischen zum Weltkulturerbe gehört, zu verstehen, muss man eigentlich nur zuhören – und man bekommt intuitiv einen Einblick in die portugiesische Wesensart. Der Fado, die vertonte Lissabonner Seele. Bittersüßer Weltschmerz, melodisch seufzende Ergebenheit in das Schicksal, das auf Lateinisch fatum heißt, und dieser Kunst den Namen gegeben hat. Fado ist »Saudade«, der portugiesische Weltschmerz in Musik gegossen.

Das hört man schon daran, wie die Lissabonner den Namen ihrer Stadt aussprechen: Lischboa. Mit einem weichen Sch, so sanft und so zärtlich, als sprächen sie zu einem Baby. Von diesem liebevoll vernuschelten Laut ist es nur ein paar Oktaven weiter bis zu den wehmütigen Klängen des Fado. Bei dieser manchmal sentimentalen, stets sehnsuchtsvollen Musik schließen viele Sänger ihre Augen und legen die Hand aufs Herz. So als ob sie nach innen lauschten und die Töne und Texte tief aus ihrer Seele schöpften.

GESANG WIE EIN GEBET

Nein, der Fado ist keine leichte, lockere Sache, sondern wird immer ein wenig mit Pathos und großen Gefühlen vorgetragen. Selbst von Vertretern der jüngeren Generation wie Mariza. Als Oberschülerin habe sie den traditionellen Melodien nur heimlich gelauscht, gesteht die junge Sängerin mit der blonden Kurzhaarfrisur, ihre Freundinnen fanden den Fado peinlich. »Diese Musik hat etwas Magisches«, sagt Mariza. Und die zwei Generationen ältere Argentina Santos formuliert es auf ihre Weise ganz ähnlich, wenn sie sagt: »Ich weiß nicht, ob ich singe oder bete.«

Im Gegensatz zur herkömmlichen Volksmusik hat der Fado seine Wurzeln in der Stadt. Die ersten Lieder erklingen in den Hafenbars und handeln von den Straßen Lissabons, von der Alfama und der Madragoa. Das Heimweh der Seeleute schwingt darin mit, eine innige Verbundenheit zu ihrer Stadt, die sie möglicherweise bald verlassen und nie wiedersehen werden, weil sie auf dem Ozean ein unentrinnbares Schicksal erwartet.

Amália da Piedade Rebordão Rodrigues ist es, die diese Musik in die Welt hinausträgt. Die Grande Dame des Fado kommt am 23. Juli 1920 als eines von zehn Kindern in Lissabon zur Welt. Die Heimat ihrer Eltern ist ein Dorf in der Beira Baixa mit unverputzten Häusern, auf deren Türschwellen alte Frauen sitzen und darauf warten, dass die Nachbarin kommt. Ein Ort, an dem die Zeit stehen geblieben zu sein scheint, wo Männer mit Schirmmützen schweigend am Dorfplatz zusammenstehen und die Geschlechter in der Öffentlichkeit noch getrennte Wege gehen.

Schon als Kind singt Amália, wenn sie ihren Eltern an den Docks von Alcântara beim Obstverkauf hilft; den Fado lernt man nicht in einer Akademie, sondern auf der Straße und in den Kneipen. Dort, wo er entstanden ist. Ihr Debüt als »Fadista« hat die junge Amália im Alter von 19 Jahren im Lissabonner Nachtclub Retiro da Severa. Bald gilt die junge Amália als beste Sängerin der Stadt.

Während des Zweiten Weltkriegs tourt sie durch Spanien und tritt auch in Brasilien auf, wo der Fado nach Ansicht von Experten eine seiner vielen Wurzeln hat. In gewisser Weise ist er auch eine Musik des Exils. Wenn die schwarzafrikanischen Sklaven bei der Arbeit auf den brasilianischen Plantagen ihre traurigen Klagegesänge anstimmen, schwingt darin eine Sehnsucht nach der Heimat mit wie bei den portugiesischen Seeleuten.

In Brasilien, dem Land mit den meisten portugiesisch sprechenden Menschen, nimmt Amália Rodrigues ihre ersten Platten auf. Der internationale Durchbruch kommt mit den Liedern »Ai Moiaria« und »Coimbra«, aus dem später »April in Portugal« wird. 1947 gibt sie in dem Kinofilm »Capas Negras« mit *Alberto Ribeiro* ihr Debüt als Darstellerin. 2002 wird ein Musical (»Amália«) über ihr Leben und ihre Musik uraufgeführt.

Blick auf die Kirche Santa Engracia. Hier ruht Amália Rodrigues als bislang einzige Frau im Pantheon.

In den 1950er-Jahren avanciert die »Fadista« mit dem dramatisch drapierten roten Schultertuch endgültig zum Star. Es folgen Tourneen und Fernsehauftritte in der ganzen Welt. Im perlenbestickten langen Kleid wird Amália Rodrigues in der New Yorker Carnegie Hall ebenso begeistert bejubelt wie im Fadolokal von Argentina Santos in der Alfama. Sie ist höchst diszipliniert und vor ihren großen Auftritten immer pünktlich in der Garderobe, um sich schminken zu lassen.

Privat posiert sie in wallenden Gewändern, die Haare sind wie bei allen portugiesischen Damen untadelig frisiert. Das amerikanische Glamour- und VIP-Magazin »Vanity Fair« kürt die Portugiesin in den 1950er-Jahren sogar zu einer der besten Sängerinnen weltweit. 1961 zieht sie mit ihrem zweiten Ehemann, dem brasilianischen Ingenieur *César Seabra*, in ein Haus in der Rua de São Bento. Heute sind in ihren einstigen Wohnräumen in der »Rua

Amália«, wie viele Lissabonner die Rua de São Bento nennen, ihre Stiftung **12** *(▸ E4)* und ein kleines Museum untergebracht.

Dem zunehmend umstrittenen Salazar-Regime kommt Amálias Erfolg im Ausland sehr gelegen. Die berühmte Fadosängerin wird als musikalische Botschafterin ihres Landes hofiert. Das rächt sich nach der »Nelkenrevolution«. Kritiker werfen ihr vor, mit ihrer unpolitischen Haltung zur Stabilisierung der Diktatur beigetragen zu haben. Später wird bekannt, dass die »Fadista« auch mit Regimegegnern zusammengearbeitet und dem befreundeten Kommunisten *Ary dos Santos* durch ihre Beziehungen zur Ausreise nach Paris verholfen hat.

EIN EHRENGRAB IM PANTHEON

Amália Rodrigues zieht sich aus der Öffentlichkeit zurück und lebt meist in ihrem Ferienhaus in Brejão an der Küste des Alentejo. In der großen Nacht des Fado am 10. Juni 1991 feiert sie im Lissabonner Coliseu dos Recreios ein Comeback. Ihren letzten großen Auftritt hat Amália Rodrigues auf der Expo 1998, wo sie für ihr Lebenswerk geehrt wird. Als sie ein Jahr später stirbt, wird in Portugal eine dreitägige Staatstrauer angeordnet. Hunderttausende säumen ihren letzten Weg zum Friedhof *Prazeres*.

So groß ist ihre Beliebtheit, dass ihr posthum eine Ehre zuteil wird, für die das Gesetz geändert werden muss: Nur zwei – und nicht wie bisher vier – Jahre nach ihrem Tod werden Amálias sterbliche Überreste in das Lissabonner Pantheon in die Kirche *Santa Engracia* **17** *(▸ J4)* überführt. Dort ruht sie als einzige Frau.

Anders als Amália Rodrigues hat sich Argentina Santos weder kommerziell vermarkten lassen noch in den Medien exponiert. Obwohl es auch von ihr inzwischen CDs gibt, ist sie eine Frau aus dem Volk geblieben. Der spanische Regisseur Carlos Saura hat einen Film über sie gedreht, und ihr enger Freund und Kollege

Carlos do Carmo sagt, sie sei der »Goldfisch im Fischweiher«. Die bodenständige Argentina Santos, 1926 in der Rua João do Outeiro geboren, singt und kocht immer noch für die Gäste ihres Lokals. Sie singe niemals dasselbe, sagt sie, und niemals habe ihr irgendjemand etwas beigebracht: *»Ich bin mein eigener Boss. Und ich singe, was und wie es mir gefällt.«*

Wenn sie auftritt, wird es im Raum totenstill. Ihr anfängliches Wispern steigert sich mit der archaischen Kraft einer Frau, die sich das Singen auf der Straße selbst beigebracht hat. Und der kontemplativen Ruhe einer Priesterin: Klein, zierlich und zäh steht sie da, ganz in Schwarz, die Augen geschlossen, die Hände gefaltet, ein einfaches Kreuz um den Hals. Ihre Texte handeln von der Fragilität des Alltags und der Vergänglichkeit des Lebens.

Argentina Santos geht nur noch selten an die Öffentlichkeit. 1999 hat sie in der New Yorker Town Hall einen großen internationalen Auftritt – zu Ehren der verstorbenen Amália Rodrigues.

FUNDAÇÃO AMÁLIA RODRIGUES **12** ▶ *E4*
Rua de São Bento 193, Rato
www.amaliarodrigues.pt
▶ Metro: Rato

IGREJA DE SANTA ENGRACIA **17** ▶ *J4*
Campo de Santa Clara, Alfama
▶ Metro: Santa Apolónia

MUSEU DO FADO **27** ▶ *J5*
Largo do Chafariz de Dentro 1, Alfama
www.museudofado.pt
▶ Metro: Santa Apolónia

PARREIRINHA DA ALFAMA **30** ▶ *J5*
Beco do Espírito Santo 1, Alfama
▶ Bus: Casa do Conto

JOSÉ SARAMAGO

1922–2010

Ein armer Junge aus der portugiesischen Provinz wird Schriftsteller und schreibt gegen die soziale Ungerechtigkeit an. Dafür wird er eines Tages mit dem Literaturnobelpreis belohnt.

L*iteratur und Liebe sind die Zauberformeln gegen den Tod«* – so lautet das schönste Zitat von José Saramago. Dieses Motto könnte auch über den beiden monumentalen Gebäuden stehen, die an den Literaturnobelpreisträger erinnern. Das eine steht in Mafra, 40 Kilometer nordwestlich von Lissabon und ist Thema seines Buches »Das Memorial«. Das andere ist die Casa dos Bicos **5** *(▸ H5)*, das Haus der Spitzen in der Altstadt von Lissabon, wo der Literaturnobelpreisträger eine würdige Gedenkstätte gefunden hat. Trotz seiner zentralen Lage stand das Haus im Abseits. Während seine Nachbargebäude anmutig vor sich hin bröckelten, strahlte seine mit spitzen Steinquadern gespickte Fassade immer etwas Angriffslustiges aus. Wer zufällig vorbeikam, stand meist ratlos vor dem Bau. »Komm mir bloß nicht zu nahe, ich bin stachelig«, schien seine Botschaft zu lauten.

Der einzigartige Renaissancebau wurde Anfang des 16. Jahrhunderts von Brás de Albuquerque, dem Sohn des portugiesischen Gouverneurs in Indien, errichtet. Er verbrachte mehrere

Dem Lissabonner Schriftsteller José Saramago wurde 1998 der Nobelpreis für Literatur verliehen.

Jahre in Italien und orientierte sich bei der Casa dos Bicos am Palazzo dei Diamanti in Ferrara. Die Steine an der Fassade sollen Diamanten darstellen, aber sie erinnern auch an eine wehrhafte Ritterrüstung und an Speerspitzen.

Nach dem Erdbeben 1755 blieb das stark beschädigte Haus bis zum 19. Jahrhundert im Besitz der Albuquerques. Danach diente es einem Fischhändler als Speicher für Bacalhau (Stockfisch).

Casa dos Bicos – das Haus der Spitzen. Hier hat der Nobelpreisträger Saramago eine würdige Gedenkstätte gefunden.

Heute erstrahlt es im frisch renovierten Outfit eines weltoffenen Literaturhauses. Die preiswerte, traditionell gekachelte Pension nebenan blieb sich und ihrem Klientel treu und bietet günstige Zimmer an. Letzteres hätte dem überzeugten Kommunisten José Saramago besonders gefallen. Kritischer hätte er sich zum Vater des Bauherrn geäußert. Schließlich galt Albuquerque als gnadenloser Herrscher, der die indische Kolonie mit eiserner Faust regierte.

Saramago, der aus ärmsten Verhältnissen stammt, wurde bis zu seinem Tod nicht müde, gegen Unterdrückung und Ausbeutung anzuschreiben. »*Wenn Finanzmärkte zusammenbrechen, werden Staatskassen geplündert. Was hat das mit Demokratie zu tun?*«, wütete der Schriftsteller nach der Bankenkrise. »Marx war nie aktueller als heute.«

Seinen Durchbruch erzielte der auflagenstärkste Literat der portugiesischen Sprache 1982 mit dem Roman »Das Memorial«.

Er spielt im absolutistischen Portugal des 18. Jahrhunderts und schildert die Baugeschichte des *Palácio Nacional de Mafra* aus der Sicht eines Mädchens aus dem Volk. 50 000 Arbeiter schufteten für den gigantischen Prunkbau, den der deutsche Architekt Johann Friedrich Ludwig, genannt Ludovice, im Auftrag des Königs plante. 2000 Menschen kamen auf der Baustelle zu Tode.

Noch heute erschlägt der Marmorkoloss den Besucher durch seine Ausmaße. Hinter seiner 220 Meter langen Front verbergen sich neun Innenhöfe, 900 Räume und 156 Treppenhäuser. In der Barockbibliothek, einer der prächtigsten der Welt, lagern mehr als 40 000 Folianten, darunter eine dreisprachige Bibel von 1514 und die Erstausgabe von Camões »Lusiaden«.

Im »Memorial« beleuchtet Saramago die Schattenseiten dieses Kulturmonuments, und er schafft auch eine faszinierende Frauenfigur. Seine junge Heldin Blimunda ist stark und verfügt über eine außergewöhnliche Gabe: Sie kann Gedanken lesen. Ihren Lebensunterhalt verdient sie mit einer seltsamen Beschäftigung – sie sammelt die Seelen der Sterbenden wie kostbare Behältnisse aus Kristall. Ihre Geschichte wird 1990 unter dem Titel »Blimunda« als Oper im Teatro Nacional São Carlos **35** *(▸ G5)* aufgeführt.

SEIN WELTBILD WURZELT IM SOZIALEN ELEND

Auch die 1995 veröffentlichte »Stadt der Blinden« ist eine beklemmende Endzeitparabel. Sie beschwört die Hoffnung auf eine gerechtere Welt und beklagt zugleich deren Vergeblichkeit. *»Ich bin kein Pessimist, sondern bloß ein gut informierter Optimist«*, wehrte sich der Schriftsteller gegen den Vorwurf des Defätismus, *»wir stecken doch alle in der Scheiße. Optimist kann eigentlich nur sein, wer gefühllos, dumm oder Millionär ist.«*

Saramagos düsteres Weltbild wurzelt in seiner Kindheit. Als Portugals späterer Literaturnobelpreisträger im November 1922 in der Ortschaft Azinhaga im Ribatejo, einer Provinz nordöstlich von Lissabon, geboren wird, ist das Land in feudalen Hierarchien gefangen. Vater und Großvater verdingen sich als Tagelöhner auf den Latifundien reicher Großgrundbesitzer. Der betrunkene Standesbeamte fügt Josés richtigen Namen de Sousa den abfälligen Beinamen Saramago hinzu. Saramago heißt Ackerrettich, der den Armen als Nahrung diente.

In seinem Roman »Hoffnung im Alentejo« schildert der Dichter 1980 das Los der Landarbeiter. Und in seiner Nobelpreisrede verbeugt er sich 1998 posthum vor seinem Großvater, der weder lesen noch schreiben konnte, aber der weiseste Mensch gewesen sei, den er je kannte. Es ist eine demütige und zugleich stolze Geste, die der Schriftsteller da vor der Weltöffentlichkeit zeigt.

Kurz danach lud das Lissabonner Goethe-Institut **14** *(▸ G 3)* Saramago und Günter Grass zu einer gemeinsam Diskussionsveranstaltung ein. Grass warf Saramago scherzhaft vor, ihm den Preis geklaut zu haben, woraufhin dieser versprach, sich im nächsten Jahr für seinen deutschen Kollegen einzusetzen. Tatsächlich erhielt Grass ein Jahr später den Literaturnobelpreis.

Als José zwei Jahre alt ist, ziehen die Eltern nach Lissabon. Der Vater findet eine Stelle als Polizist, die Mutter, die Analphabetin ist, bemüht sich, mit dem knappen Geld über die Runden zu kommen. Das Haushaltsbuch führt sie mithilfe eines eigenen Zeichensystems.

Als die Familie das Schulgeld nicht mehr bezahlen kann, muss José auf die Realschule wechseln. Ein geliehener Groschenroman ist lange Zeit das einzige Buch im Haus. Die Mutter merkt rasch, wie sehr ihr Sohn nach Bildung hungert. Sie schenkt ihm nicht nur sein erstes Buch, sondern versorgt ihn auch mit Lesestoff, wenn er krank das Bett hüten muss. Bald verbringt der Heranwachsende seine Abende in der öffentlichen Stadtbibliothek. Sein

Die Bibliothek des Palácio Nacional in Mafra. Den Bau der Anlage beschreibt Saramago in seinem Roman »Das Memorial«.

erstes Lieblingsbuch ist »Das verlorene Paradies« des englischen Dichters John Milton.

Mit 16 Jahren schließt Saramago eine Schlosserlehre ab. Er verdient sein Geld zunächst als technischer Zeichner, später als Angestellter in der Sozialbehörde. Bevor er mit 40 sein erstes Buch veröffentlicht, arbeitet er in einem Verlag und schreibt nebenbei für eine Zeitschrift. 1944 heiratet er die Malerin *Ilda Reis*, wenige Jahre später kommt seine einzige Tochter *Violante* zur Welt. Die Ehe wird nach 26 Jahren geschieden.

Während der Salazar-Diktatur tritt Saramago der verbotenen Kommunistischen Partei bei. Mit »bescheidenen Mitteln«, wie er später sagt, setzt er sich im Untergrund für Meinungsfreiheit ein. Nach der »Nelkenrevolution« arbeitet er im Ministerium für Kommunikation und später vorübergehend als stellvertretender Chefredakteur der Tageszeitung »Diário de Notícias«. Enttäuscht beobachtet er, wie sich nach der friedlichen Revolution die sozialistischen Hoffnungen zerschlagen. Obwohl er immer wieder mit den Genossen streitet, hält Saramago der KP bis zu seinem Tod die Treue und kandidiert für sie bei den Europa-Wahlen 2004.

»*Portugals KP war immer an der Basis aktiv. Im armen Alentejo stellen wir Bürgermeister, in den Industriezentren sind wir bei den Arbeitern geachtet. Wir haben zwar nur knapp neun Prozent der Stimmen im Parlament, aber wir sind die Gesellschaftskritiker, die die Missstände benennen. Als Autor mache ich letztlich nichts anderes, nur mit anderen Mitteln*«, sagt er 2008.

In seiner später verfilmten Apokalypse »Die Stadt der Blinden« beschreibt Saramago die sozialen Folgen einer Augenepidemie. Abgeschoben in eine verlassene Irrenanstalt, bilden die Blinden eine Notgemeinschaft, die zur Wolfsgemeinschaft ausartet. Anstatt sich zu helfen, beuten sie sich gegenseitig aus.

URNENGRAB AN EINEM BAUM

Auch politisch eckt der unorthodoxe Provokateur immer wieder an. Er unterstützt Attac mit einem Manifest für mehr Gerechtigkeit und provoziert seine Landsleute mit dem Buch »Das steinerne Floß«. Darin beschreibt er, wie sich Portugal und Spanien zum Staat Iberia zusammenschließen und gemeinsam vom europäischen Kontinent abdriften. Eine Vorstellung, die den Portugiesen, die im 16./17. Jahrhundert 60 Jahre lang von Spanien regiert wurden, noch heute die Haare zu Berge stehen lässt.

Anfang der 1990er-Jahre lässt das Kulturministerium seinen Roman »Das Evangelium nach Jesus Christus« wegen angeblicher Verletzung religiöser Gefühle von der Vorschlagsliste des Europäischen Buchpreises streichen. Aus Protest »gegen diese unwürdige Zensur« zieht er nach Spanien. Später glätten sich die politischen Wogen wieder, Lissabon ist stolz auf den Literaturnobelpreisträger.

Saramagos Asche wird im Juni 2011, ein Jahr nach seinem Tod, unter einem Olivenbaum am Tejo beigesetzt. Der Baum aus Azinhaga hatte seine Kindheit begleitet und wurde in die Nähe der Stiftung verpflanzt. An der Zeremonie nehmen auch Lissabons Bürgermeister, der portugiesische Kultusminister und die Schriftstellerin Lidia Jorge teil. Daneben wurden zwei Gedenksteine und eine Bank aufgestellt. Nach der Beisetzung legen seine Witwe *Pilar del Rio* und Saramagos Tochter Violante rote Nelken nieder. Eine Hommage an die »Nelkenrevolution« und Portugals unermüdlichsten Verfechter für eine bessere Welt. Einen Mann, der sich Zeit seines Lebens seiner bäuerlichen Herkunft verpflichtet fühlte und in seinen »Kleinen Erinnerungen« liebevoll festhielt, wie der geliebter Großvater einst Abschied von der Welt nahm:

»Du saßest auf der Schwelle deiner Tür, Großvater, die offen stand zur weiten, sternenklaren Nacht, zum Himmel, über den du nichts wusstest, und den du niemals bereist hast, zur Stille der Felder und der dunklen Bäume, und du sagtest mit der Gelassenheit deiner neunzig Jahre und dem Feuer einer nie verlorenen Jugend: ›Die Welt ist so schön, und es ist so schade, dass ich sterben muss.‹ Genau so. Ich habe es gehört.«

CASA DOS BICOS/FUNDAÇAO JOSÉ SARAMAGO 5 ▶ *H5*
Rua dos Bacalhoeiros 9–11, zwischen Baixa und Alfama
www.josesaramago.org
▶ Metro: Terreiro do Paço

PALÁCIO NACIONAL DE MAFRA
Terreiro Dom João V, Mafra
www.cm-mafra.pt
▶ Bus (Mafra Convento) von Metrostation Campo Grande (www.mafrense.pt)

ÁLVARO JOAQUIM DE MELO SIZA VIEIRA

geb. 1933

Nach dem Brand von 1988 baut der beste Architekt Portugals den Chiado von Lissabon wieder auf – und gibt ihm sein quirliges Lebensgefühl zurück. Das gelingt einem, der ausgerechnet aus Porto kommt.

Im Hochsommer 1988 wird Europa von einer alarmierenden Nachricht aufgeschreckt. Lissabon stehe in Flammen, die Altstadt sei durch einen Brand zerstört worden, heißt es. Es klingt äußerst bedrohlich – viel schlimmer, als es tatsächlich ist. Das Feuer hat keinesfalls flächendeckend die gesamte Altstadt zerstört. Es hat zwar das Herz des Chiado-Viertels empfindlich getroffen, aber davon, dass ein großer Teil der portugiesischen Hauptstadt den Flammen zum Opfer gefallen sei, wie vielfach in der ersten Aufregung suggeriert worden ist, kann glücklicherweise keine Rede sein.

Dennoch – für die Lissabonner markiert dieser 25. August 1988 einen Wendepunkt in der Stadtentwicklung. Denn das kleine, aber vornehme Einkaufsviertel oberhalb der Baixa hat für sie großen Symbolwert. Mit seinen Simsen, den schmiedeeisernen Brüstungen und hohen, pastellfarbenen Fassaden verkörpert es den eleganten Lebensstil der Belle Époque. Hier befinden sich Barockkirchen, Buchläden, vornehme, mit rotem Plüsch und funkelnden

Der Architekt Álvaro Joaquim de Melo Siza Vieira gilt in Portugal als Hauptvertreter der Moderne.

Kristallleuchtern ausgestattete Luxusrestaurants wie das Tavares **34** *(▸ G5)*. In der Rua Garrett reihen sich die elegantesten Traditionsgeschäfte Lissabons aneinander, hier flanieren im 19. Jahrhundert die Großstädter, nach dem letzten Chic der Pariser Mode gekleidet. Im Opernhaus São Carlos **35** *(▸ G5)* finden glanzvolle Premieren statt, und in Jugendstil-Cafés wie dem Brasileira **1** *(▸ G5)* trifft sich das intellektuelle Lissabon. Die Karikaturen von

Die Rua Garrett im Chiado. Der Architekt Siza Vieira hat das Stadtviertel nach dem Brand von 1988 wieder aufgebaut.

Bordalo Pinheiro und die Romane von Eça de Queiroz illustrieren den Chiado als Mittelpunkt des gesellschaftlichen Lebens.

Ältere Lissabonner erinnern sich noch gut daran, wie glamourös ihnen das Viertel in ihrer Kindheit vorgekommen war. Nicht wenige haben im Grandella, damals dem ersten Kaufhaus der Stadt, die erste Rolltreppe ihres Lebens erkundet. *»Der Chiado gehörte zur sentimentalen Geographie der Stadt wie die Maximilianstraße zu München und der Jungfernstieg zu Hamburg. Er war Teil der identifizierbaren Umwelt, die uns Halt gab«*, schreibt die in Lissabon lebende Autorin Ellen Heinemann kurz nach dem Brand.

Jeder Stadtbewohner über 30 weiß noch heute genau, was er an jenen Sommertag 1988 getan hat. Es ist sonnig, aber windig, als kurz nach Geschäftsöffnung die ersten Flammen auflodern. Aus allen Himmelsrichtungen rumpeln die Löschzüge auf den Chiado-Hügel zu. Bald sind 1200 Feuerwehrleute im Einsatz.

Über dem Zentrum steht eine schwarze Wolke. Auf dem Chiado schlagen die Flammen meterhoch, Asche und angekohlte Papierfetzen wirbeln durch die Straßen. Immer wieder explodieren Gasflaschen. Ganz Lissabon hält den Atem an, hängt am Radio oder Fernseher oder macht sich auf zum Unglücksort, um zu helfen. Nachbarn bringen den Löschtruppen Getränke und Essen vorbei. Die Flammen breiten sich von Haus zu Haus, von Straße zu Straße aus und werden vom Wind immer wieder neu angefacht. Erst am Nachmittag bekommen die Feuerwehrleute den Brand unter Kontrolle. In den Tagen danach bietet die alte Oberstadt einen traurigen Anblick: ausgebrannte Fensterhöhlen, verbogene Eisenträger, geschmolzene Straßenlampen.

DER ALTE GLANZ KEHRT ZURÜCK

Gleich nach dem Unglück beginnt eine große öffentliche Diskussion über das weitere Schicksal des Viertels. »*Schön war der Chiado nicht und praktisch schon lange nicht mehr*«, müssen sich viele Lissabonner eingestehen. Seine Fassaden bröckelten schon lange, in den Häusern tropften die Wasserhähne, die Rohre waren undicht, und in den Straßen stapelte sich der Müll. Zuletzt hatte das einst so noble Viertel an Glanz verloren. Es war wie mit einem abgetragenen, etwas schäbig gewordenen Kaschmirpullover. Man hängt an dem kostbaren Stück, weil es gut und teuer war, aber nun hat ihm der Zahn der Zeit unübersehbar zugesetzt, und man weiß nicht so recht, was man mit ihm machen soll.

Als sich der Rauch verzogen hat, ziehen die Lissabonner Bilanz. Die alte Pracht ist verkohlt, das kulturelle und kommerzielle Aushängeschild der Stadt liegt in Schutt und Asche. Was soll man nun tun? Ganz abreißen und etwas Neues errichten? »*Fernando Pessoa hat den Chiado nie gebraucht. Wir aber, die wir keine Gedichte schreiben, brauchen ihn*«, plädiert Ines Pedrosa stellvertretend für viele. *»Ein Zuhause kann man nicht planen oder am Reißbrett entwerfen. So ist das nun mal. Und wenn unser Zuhause brennt, dann bauen wir es genauso wieder auf. Mit den gleichen Möbeln, den gleichen schmutzigen Aschenbechern, dem gleichen unaufgeräumten Schrank. Denn Häuser sind nicht mehr als das, was die Menschen in ihnen leben.«*

Und so kristallisiert sich rasch heraus, in welche Richtung die Stadt ihr weiteres Vorgehen lenken soll. Die Verantwortlichen entscheiden sich dafür, den besten Architekten ihres Landes mit einem Konzept für den Wiederaufbau zu beauftragen: Álvaro Joaquim de Melo Siza Vieira aus Porto, jener Stadt, die seit Jahrhunderten in Rivalität zu Lissabon steht. Siza, der sich bereits als feinsinniger Erneuerer profiliert hat, entscheidet sich für eine sensible Modernisierung und gibt der verwundeten Metropole am Tejo ihr elegantestes Quartier zurück.

Der Wiederaufbau, für den Siza Vieira 1992 mit dem Pritzker-Preis, der höchsten Auszeichnung seiner Branche, gewürdigt wird, gibt dem Viertel seine Leuchtkraft wieder. In eines der 17 wieder aufgebauten Gebäude zieht das Hotel do Chiado **16** *(▸ G5)* ein, und einige ehemalige Büros werden wieder zu Wohnungen.

Siza zählt zu den bedeutendsten zeitgenössischen Architekten. In Portugal ist er der Protagonist einer erstklassigen zeitgenössischen Architektur und Vorbild für jüngere Architekten wie Eduardo Souto de Moura, mit dem er gemeinsam den portugiesischen Pavillon auf der Expo 2000 in Hannover gestaltet. International gilt er als kritischer Anhänger der europäischen Avantgarde der 1920er- und 1930er-Jahre, deren strenge Linienführung sich am Bauhaus-Stil orientiert. *»Ich arbeite wie ein Jazzmusiker, der von einer festen Struktur und von dieser Partitur aus einen Raum für Improvisationen erfindet«*, so charakterisiert der bekennende Perfektionist sein Vorgehen.

Eingebettet in eine malerische Felslandschaft thront das von Siza Vieira errichtete Teehaus Casa de Chá da Boa Nova über der Atlantikküste.

Dabei ist Siza Vieira nicht auf Sanierungen festgelegt, er baut Museen, Restaurants, Kirchen, Sozialwohnungen oder öffentliche Gebäude wie die Universitätsbibliothek von Aveiro. In Lissabon errichtet er zur Expo 1998 den portugiesischen Pavillon. Grandios spannt sich sein ausladendes Beton-Segel über den Parque das Nações und ist dabei doch fest am Ufer des Tejo verankert. Der schlichte, aber spektakuläre Ausstellungsbau »Pavillon der Nationen« mit der fragil wirkenden Hängekonstruktion steht seit 2010 unter Denkmalschutz.

Álvaro Siza Vieira wird im Juni 1933 in Portos Hafenvorstadt Matosinhos als Sohn eines Ingenieurs geboren. Eigentlich möchte er Bildhauer werden, bis er bei einem Familienausflug in Barcelona die Sagrada Família sieht und sich für die Architektur entscheidet. Er studiert in Porto und wird 1976 Professor. Auch in Deutschland baut Siza Vieira, in Berlin-Kreuzberg entwirft er noch vor der Wende das geschwungene Eckhaus Schlesisches Tor. Kurz nach der »Nelkenrevolution«, als sich Portugal nach Jahrzehnten des Stillstands wieder in Richtung Moderne orientiert, bekommt der damals 41-Jährige seinen ersten städtebaulichen Auftrag. Er baut in Porto eine Sozialsiedlung mit fast dörflichem Charakter. Siza Vieira, der als parteiloser Linker einige Male bei Kommunalwahlen kandidierte, hat an zahlreichen internationalen Hochschulen, unter anderem in der Schweiz und den USA (Harvard) als Gastprofessor gelehrt. Er wird mit der Ehrendoktorwürde in Valentia, Lausanne und Palermo, dem Mies-van-der-Rohe-Preis der Europäischen Union und auf der Architekturbiennale in Venedig ausgezeichnet. Seit 1958 unterhält er in Porto sein renommiertes Architekturbüro, das zu den bedeutendsten in Europa zählt.

MEISTER DER SCHNÖRKELLOSEN ARCHITEKTUR

Der Portoenser mit dem schmalen Gesicht, dem grauen Bart und melancholischen Blick ist keiner jener Architekturstars, die sich wie etwa Frank O. Gehry, übrigens ein großer Fan von Siza Vieira, mit exzentrischen Entwürfen selbst ein Denkmal errichten. Stattdessen setzt er sich intensiv und behutsam mit der Umgebung auseinander. Siza Vieiras Bauten sind schnörkellos, schlicht und dennoch faszinierend, weil sie immer die Balance zwischen Natur und Architektur wahren.

So ist sein berühmtes Teehaus, die Casa de Chá da Boa Nova in Leça da Palmeira, so gekonnt in die Küstenlandschaft integriert, dass Gäste wie auf einem natürlichen Logenplatz auf das Meer blicken. Der Tee-Pavillon liegt auf einer schmalen Landzunge nahe der Douro-Mündung in Nordportugal und ist bescheiden, aber effektvoll direkt in die Felsen gebaut. An stürmischen Tagen spritzt die Gischt fast bis zu den Fenstern hoch. Ein Stück weiter fängt ein Meerwasserbassin die Brandung auf. Eine ähnliche Poolanlage wird in der Nähe von Lissabon im idyllischen Fischerort Azenhas do Mar gebaut. Wer dort schwimmt, ist mitten im Geschehen und dennoch geschützt vor der Strömung.

Ein weiterer kühner Plan wird allerdings nicht realisiert: Er will im Lissabonner Stadtteil Alcântara drei eigenwillige Hochhäuser bauen. Sie sollen die Hängebrücke Ponte 25 de Abril **32** *(▸ A 7)*, die sich hier über den Tejo spannt, wie gigantische Stadttore flankieren. Da wollen die Verantwortlichen doch nicht mitmachen.

Sizas Meisterwerk, mit dem sich ausgerechnet der Künstler aus Porto beim traditionellen Stadtrivalen Lissabon verewigt hat, ist und bleibt der Chiado. Heute ist das Viertel so anziehend wie zu seinen Glanzzeiten. In der Rua Garrett, der Rua do Carmo und der Rua Nova do Almada kann man wieder gepflegt promenieren, einkaufen und Kaffee trinken. Neben internationalen Boutiquen gibt es auch die alten Traditionsläden wie den winzigen, kaum mehr als badetuchbreiten Handschuhladen Luvaria Ulisses **21** *(▸ G 4)*. Das inzwischen an die Metro angeschlossene Viertel ist nicht nur zu einem Touristenmagnet geworden. Es ist vor allem für die Einheimischen ein äußerst lebendiges Stück Lissabon.

HOTEL DO CHIADO **16** ▸ *G 5*
Rua Nova do Almada 114, Chiado
www.hoteldochiado.com
▸ Metro: Baixa-Chiado

LUVARIA ULISSES **21** ▸ *G 4*
Rua do Carmo 87 A, Chiado
▸ Metro: Baixa-Chiado

PAVILLON DER NATIONEN
Parque das Nações, Moscavide
▸ Metro: Oriente

PAULA REGO

geb. 1935

Sie hat sich ihre Traumata von der Seele gemalt – und sich darüber hinaus von ihrer Heimat Portugal abgewandt. Doch ein Haus im Küstenvorort Cascais verkörpert ihre einzigartige Kunst.

Wenn Paula Rego ein Bild zu malen beginnt, stellt sie sich mit breit gespreizten Beinen auf den Boden. Ganz fest, so, als wolle sie sich in der Erde verankern und mit ihren eigenen, weiblichen Quellen verbinden, um aus dieser Verwurzelung heraus ihre Kreativität zu befördern. Es liegt viel Widerstandskraft in dieser bewussten Körperhaltung, ein sinnliches, aggressives »Trotzdem«, das die zierliche Künstlerin der Leinwand entgegenstemmt und das auch in ihren Bildern zum Ausdruck kommt.

Die in London lebende und dort hoch angesehene Portugiesin gilt als eine der besten zeitgenössischen Künstlerinnen, die sich mit einer explizit weiblichen Perspektive beschäftigen. Paula Regos figurative, im Stil des magischen Realismus gemalte Bilder sind absolut unverwechselbar. Ihre Themen schöpft sie aus den Märchen und Mythen ihrer portugiesischen Heimat.

Meist stellt sie Frauen in grotesken Situationen dar: alte Frauen, die greisenhafte Männer säugen. Frauen im Körper eines Hun-

Die in Lissabon geborene Malerin und Grafikerin Paula Rego vor einem ihrer Werke.

des. Gedemütigte, traurige, ängstliche, wütende Frauen. Immer wieder sind in ihren Werken subversive sexuelle Anspielungen, erotische Fantasien und Anflüge von Gewalt zu entdecken.

Auf den ersten Blick wirken Regos Bilder verstörend und albtraumhaft. Ihre Schönheit kann man nur dann entdecken, wenn man sich intensiver mit der Künstlerin beschäftigt. Germaine Greer, deren Porträt von Paula Rego in der Londoner National

Die Casa das Histórias in Cascais. Das Haus der Geschichten ist ein Museum, das der Malerin und Grafikerin Paula Rego gewidmet ist.

Portrait Gallery hängt, formuliert es aus feministischer Sicht: *»Paula Regos Bilder zittern vor einer Wut und Leidenschaft, die wir alle bitter nötig haben.«*

Wer sich mit Menschen unterhält, die Paula Rego persönlich kennen, hört immer wieder eine ähnliche Anekdote. Auf die Frage, warum ihre Bilder so düster und destruktiv seien, antwortet die Künstlerin jedes Mal erstaunt: »Finden Sie?«

Als Paula Rego 1935 in Lissabon geboren wird, hat der Diktator António de Oliveira Salazar sein totalitäres Angstregime etabliert. Portugal steht am Anfang einer langen lähmenden Periode. Das junge Mädchen wächst in einem gesellschaftspolitischen Klima auf, das von Unfreiheit, geistiger Enge und Furchtsamkeit gekennzeichnet ist.

»Es war grauenvoll«, sagt sie rückblickend über ihre Jugend in Portugal, *»Menschen wurden massakriert. Sie wurden ins Gefäng-*

nis gesteckt und gefoltert. Man zog ihnen die Fingernägel ab. Und dann kam die Nelkenrevolution. Und alle glaubten, dass es nun besser werden würde. Aber ich kann nicht erkennen, dass es besser wurde.«

Die Gewalt und die Ungerechtigkeiten seien weitergegangen, vor allem die gegenüber den Frauen. *»Ich habe in meinem portugiesischen Dorf Frauen erlebt, die von ihren Männern geschlagen wurden, hungrige, bettelarme Frauen, die ihre Kinder ertränkten, weil die Mütter nicht wussten, wie sie sie ernähren können.«*

In ihren frühen Werken setzte sich Paula Rego vor allem mit politischen Themen und dem diktatorischen Salazar-Regime in Portugal auseinander. Es ist eine traumatische Erfahrung, die Begegnung mit einem reaktionären Totalitarismus, der jegliche Form von Kritik und Kunst als subversiv ablehnt. Und Paula Rego macht eine Erfahrung, die viele portugiesische Künstler dieser Generation machen müssen. Das System – nicht nur die Politik, sondern auch ihre intellektuellen Mitläufer, die es durchaus gibt – lehnt in seiner Kontrollwut alles ab, was nicht das Regime Salazar verherrlicht.

KINDHEIT BEI DER GROSSMUTTER

Ihre erste Einzelausstellung findet 1965 in Lissabon statt. Seit 1956 hat sich die junge Künstlerin mit Collagen im Neo-Dadaismus mit den Auswüchsen der Diktatur beschäftigt. Nun rufen ihre Kunstwerke heftige Kontroversen hervor, die jenseits ihrer Diskussionsfähigkeit und -bereitschaft liegen. Und Paula Rego erfährt jene seltsame innere Lähmung, die das System Salazar bei zahlreichen Lissabonner Kritikern hervorruft.

Ihre Wurzeln gründen ohnehin nicht in sonderlich tiefem nationalen Boden: Sie stammt aus einem anglophilen Haus. Paulas gutsituierte Eltern ziehen kurz nach der Geburt ihrer Tochter nach London, wo der Vater einen Job als Ingenieur bekommen hat. Paula wächst bei ihrer Großmutter, deren Hausmädchen und einer depressiven Tante in Cascais auf, einem Fischerort und noblem Kurbad westlich von Lissabon. Sie füttern das kleine Mädchen mit portugiesischen Märchen. Für Paula Rego sind diese Mythen bis heute eine unerschöpfliche künstlerische Inspirationsquelle.

Doch die Fabeln ihrer Kindheit haben wenig Märchenhaftes an sich. Sie zeigen keine heile Welt, keine versöhnende Moral. Schneewittchen, Aschenputtel und ihre portugiesischen Schwestern werden gequält und gedemütigt, nichts wird am Ende wieder gut. Rego stellt in ihren Bildern die dunklen Seiten des iberischen Mythenschatzes heraus. *»Unsere Mythen und Märchen sind gewalttätiger als die anderer Länder«*, behauptet die Künstlerin, *»sie sind die furchterregendsten, die man sich vorstellen kann.«*

Da gibt es zum Beispiel die Geschichte von dem Mädchen mit dem Ziegenfuß. Eine Sage aus dem 11. Jahrhundert, die der portugiesische Schriftsteller Alexandre Herculano im 19. Jahrhundert in einer bekannten Erzählung wieder aufgegriffen hat. *»Es war einmal ein Jäger, ein stattlicher Mann, der durch die Hügel und Felder ritt und dabei einen wundervollen Gesang hörte«*, rekapituliert die Künstlerin. *»Eines Tages traf er ein bezauberndes Mädchen. Doch zu seinem großen Erschrecken musste er feststellen, dass sie den Fuß einer Ziege besaß …«* Die Geschichte nimmt ein tragisches Ende. Aber das Singen, das Singen hörte nicht auf. »Die Surrealisten haben das verstanden«, findet Paula Rego, die den deutschen Maler Max Ernst zu ihren Lieblingskünstlern zählt.

Sie ist abgründiger als ihr deutsches Vorbild, bei ihr liegen das Schöne und das Groteske, Gewalt und Sexualität näher beieinander. Die Künstlerin selbst bekennt, dass – welchen Ausdruck sie auch immer ihren Leinwandfiguren bewusst mit auf den Weg geben wolle – am Ende immer eine Spur von Angst und Gewalt

Azulejo-Kunst: Paula Rego hat die Darstellung auf Kacheln für den Lissabonner Palácio dos Marqueses de Fronteira angefertigt.

ins Spiel komme. Fast wie von selbst. Am Ende, so Paula Rego, sei da immer, immer und immer wieder diese alles verschlingende Furcht, der schon die Säuglinge hilflos ausgesetzt seien.

Mit diesem bodenlosen Urgefühl hat sich Paula Rego viele Jahre in ihrer Psychoanalyse beschäftigt: *»Es scheint so, als sei Angst das mächtigste Gefühl, das wir erfahren haben, eines, das uns das ganze Leben lang begleiten wird … Es ist, als ob du weinst und weinst und weinst – und niemand kommt, um dir zu helfen.«*

Schon im Alter von vier Jahren entdeckt die kleine Paula das Zeichnen als ein Mittel, der Bodenlosigkeit ihre eigene Welt entgegenzusetzen. Das Malen wird ihr Zaubertrick. Mit seiner Hilfe bannt sie die Angst. *»Du kannst damit Menschen bestrafen, die du nicht leiden kannst oder die böse zu dir gewesen sind. Beim Zeichnen hast du die absolute Freiheit, zu tun, was du willst. Das war schon als Kind mein Geheimnis«*, erinnert sich die Malerin.

Bis heute habe sie schreckliche Angst vor dem Alleinsein. Nur in Gegenwart geliebter Menschen fühle sie sich sicher.

Der wichtigste Mensch in ihrem Leben war ihr englischer Ehemann *Victor Willing*, den sie während des Kunststudiums an der Slade School of Fine Art in London kennenlernte. Nachdem ihre Eltern nach London gezogen waren, besuchte die junge Portugiesin in Carcavelos, einem kleinen Ort an der Küste zwischen Lissabon und Cascais, die englische Schule St. Julian's School. 1951 folgte sie ihren Eltern nach England.

Nach der Heirat 1959 pendelt das Künstlerpaar jahrzehntelang zwischen dem portugiesischen Küstenort Ericeira und Großbritannien hin und her. 1975 lässt sie sich mit ihrem Ehemann dauerhaft in London nieder. Die beiden haben eine tiefe, innige Beziehung, die schon bald von der in den 1960er-Jahren diagnostizierten Multiplen Sklerose des Ehemannes überschattet wird. 1988 stirbt Victor Willing an den Folgen dieser bis heute unheilbaren Krankheit. Das Leiden ihres Mannes und ihre Trauer prägen die Arbeiten aus jener Epoche.

IN CASCAIS LEUCHTET IHR STERN

1988 zeigt das Lissabonner Gulbenkian-Museum eine erfolgreiche Ausstellung von Paula Rego. Zwei Jahre später wird sie als erste Künstlerin »artist in residence« an der renommierten britischen Nationalgalerie. Eine enorme Ehre für die Portugiesin, die zur selben Zeit für den renommierten Turner Prize nominiert wird. 2010 kürt sie das British Empire zur Dame, 2011 wird sie mit der Ehrendoktorwürde der Lissabonner Universität prämiert.

Ihre Bilder erzielen inzwischen mehr als eine halbe Million Euro. Sogar der portugiesische Staatspräsident hat sie um ein Porträt gebeten. Seitdem der amerikanische Astronom Henry E. Holt den Asteroid 6015 im Hauptgürtel des Sonnensystems entdeckte und nach seiner Lieblingsmalerin Paula Rego benannte, leuchtet ihr Stern auch am fernen Firmament.

Ganz und gar irdisch, geradezu erdverbacken, wirkt hingegen ihr neues Museum in Cascais. Es trägt den schönen Namen *Casa das Histórias*, Haus der Geschichten, und wurde 2011 am Rande der Altstadt von Caiscais gebaut. Der markante, aus zwei sandroten Pyramidentürmen bestehende Bau unter malerischen Pinien erinnert an die Formen gotischer Kamine in den alten portugiesischen Klöstern und Palästen.

Mit seiner maurisch inspirierten, lehmfarbenen Wüstenarchitektur wirkt er nach außen hin verschlossen, fast abweisend und in sich gekehrt. Das Haus, in dem immer wieder spannende Wechselausstellungen gezeigt werden, hat die Malerin den Menschen in ihrer Heimat wieder nähergebracht. Entworfen hat es der angesehene portugiesische Architekten Eduardo Souto de Moura. Er stammt aus Porto und hat dort bei Álvaro Siza Vieira studiert. 2011, neun Jahre nach seinem Lehrmeister, wird auch Souto de Moura mit dem begehrten Pritzker-Preis, der höchsten internationalen Auszeichnung für Architekten, prämiert.

Seine *Casa das Histórias* in Cascais markiert ein Happy End für die Rückkehr der portugiesischen Malerin zu ihren künstlerischen Quellen – in die Heimat ihrer Geschichten.

CASA DAS HISTÓRIAS – PAULA REGO
Avenida da República 300, Cascais
www.casadashistoriaspaularego.com/pt
▶ S-Bahn: Cascais

MUSEU CALOUSTE GULBENKIA/CENTRO DE ARTE MODERNA
Avenida de Berna 45A/Rua Dr. Nicolau de Bettencourt, Campolide
www.gulbenkian.pt
▶ Metro: São Sebastião

ANTÓNIO LOBO ANTUNES

geb. 1942

Seit vielen Jahrzehnten beschreibt der Schriftsteller seine Heimatstadt Lissabon mit furioser Poesie. Seine Texte machen ihn fast jedes Jahr zu einem Kandidaten für den Literaturnobelpreis.

V*or allem die vertikale schattenlose Helligkeit / wie Papierrosen dieser Schwarm Tauben / die mit dem Winken der Taschentücher ihrer Flügel die Farben des Abends verwandeln / Fliesen, von denen das Licht in gelben Echowellen zurückgeworfen wird / wie Stimmen, die uns zuraunen, uns etwas zurufen, mit uns zu reden / vor allem die Helligkeit, ja das sanfte Licht / das nicht vom Himmel, sondern vom Fluss aufsteigt, das vom Asphalt zu den Häusern aufsteigt …*« So beginnt António Lobo Antunes eine lange poetische Hymne an seine Heimatstadt.

Lissabonkenner sehen bei diesen Zeilen das Atlantiklicht vor sich, wie es vom glitzernden Fluss und dem sahneweißen Kopfsteinpflaster an den Kachelwänden hochflutet. Sie ahnen, dass einem »in dieser auf den Regenbänken des Tejo kopfstehenden Stadt« die Augen schmerzen können, denn »vertikale schattenlose Helligkeit« leuchtet auch Abgründe aus. Und die sind Antunes Hauptthema. Der 1942 geborene Schriftsteller zählt zu den produktivsten Autoren der europäischen Gegenwartsliteratur. Er lebt

Der Schriftsteller António Lobo Antunes hat viele Jahre als Psychiater in einer Lissabonner Klinik gearbeitet.

noch heute in seiner Geburtsstadt, an der er sich mit verzweifelter Intensität reibt. Fast alle seine Texte sind topografisch verankert und berühren die unterschiedlichen Orte, den Zoologischen Garten, die Elendsviertel an der Peripherie oder Benfica, wo er geboren ist. »*Es gibt keinen Schriftsteller ohne Obsessionen: Meine Obsessionen sind Lissabon, mein Land, die Menschen, die dort leben, und die Art, wie sie leben, die Beziehungen der Männer zu*

Benfica aus der Vogelperspektive, hier hat sich seit der Kindheit von António Lobo Antunes viel verändert.

ihren Frauen und Kindern und zu ihren Freunden«, sagt Antunes. Er ist kein Autor, der es seinen Lesern leicht macht.
An seinen verwirrend vielstimmigen Romanen scheiden sich die Geister. Entweder man liebt ihre furiose, poetische Wortgewalt oder man legt sie irritiert beiseite. »*Wer spricht? Was geschieht? Wo sind wir? Und wann? All das sind Fragen, die zweitrangig sind im Erzähluniversum des Portugiesen und vielleicht liest man ihn besser gar nicht, sondern geht einfach mit, taucht ein in den Strom der Rede, lässt sich treiben und an ein Ufer spülen, erschöpft und nass und mit sausenden Ohren*«, schreibt der Kritiker Wieland Freund, um sogleich den Autor selbst zu Wort kommen zu lassen: »*Ich möchte nicht gelesen werden. Ich möchte, dass mein Buch eine Art Krankheit ist. Als litte man an einem Fieber.*«

Mit Krankheiten kennt Antunes sich aus. In seinem ersten Leben ist er Arzt, ebenso wie sein Vater. Kein Doktor für Grippe, sondern Psychiater. Viele Jahre arbeitet er als Chefarzt im Hospital Miguel Bombarda. Tagsüber behandelt er depressive Patienten, abends arbeitet er an seinen Romanen. Als ihm die Doppelbelastung zu viel wird, hängt er den Medizinerberuf an den Nagel. Inzwischen schreibt Antunes selbst wie im Fieberwahn, trotz seines Erfolgs vor jedem neuen Buch von Panikattacken geplagt.

Seine Romane kreisen um Portugals jüngere Geschichte. Es sind Untergangsbilder eines stagnierten Landes, dessen Bewohner traumatisiert und vom Leben enttäuscht sind. Seelisch verkrüppelte Soldaten, lieblose Mütter, spielsüchtige Großmütter, herzkranke Väter, schwarze Migranten, durch die sich die weiße Unterschicht bedroht fühlt. Ehemalige Handlanger des Salazar-Regimes, desillusionierte Revolutionäre, Familien in Auflösung.

TRAUMABEWÄLTIGUNG MIT LITERATUR

Ihre Lebensgeschichten werden in losen Fäden aufgesplittet, oft ohne Punkt und Komma, wie die ungeordneten Gedankensprünge eines Psychiatrie-Patienten, der auf der Couch in einem orgiastischen Redefluss Verdrängtes aus dem Unterbewusstsein zu Tage fördert. Wer sich auf Antunes intensive Lyrik einlässt, wird fasziniert, verwirrt und gefordert – und sprachlich und literarisch enorm bereichert.

Nur: Heiter, unbeschwert und leicht zugänglich ist hier nichts. Auch nicht der Autor. Mit zwiespältigen Gefühlen erinnert sich mancher Lissabonner an den ehemaligen Arzt. *»Antunes hat vor vielen Jahren auch meine Großmutter behandelt«*, erzählt die Hotelmanagerin Mariana, *»ich glaube, inzwischen ist er selbst ein bisschen verrückt. Schon damals hatten einige Patienten Angst vor ihm, er konnte sehr barsch werden.«*

Antunes wird im September 1942 als ältester von sechs Söhnen in Benfica geboren, das damals noch ein Villenvorort ist. *»Ich* *wuchs auf neben dem kleinen burgartigen Stadttor, das uns von Venda Nova und der Estrada Militar trennte, in einem Land, dessen Grenzposten die Drogerie von Senhor Jardim, der Krämerladen vom Glatzkopf, die Konditorei von Herrn Madureia und der Kurzwarenladen Havaneza von Herrn Silvino waren, und verbrachte die Nachmittage in der Schusterwerkstatt von Herrn Florindo, der in einem dunklen Kabuff, umringt von auf kleinen Schemeln sitzenden Blinden, in dem Geruch von Leder und Armut gehüllt, der bis heute der einzige mir bekannte Geruch der Heiligkeit ist, Sohlen hämmerte*«, erinnert sich der Autor.

Heute steht hier nur noch das Stadttor, die Quintas der Antunes und ihrer großbürgerlichen Nachbarn sind gesichtslosen Hochhausbunkern gewichen. Nach dem Ende der Kolonialkriege wurden die Portas de Benfica zum Einfallstor für die schwarzen Neuankömmlinge aus den ehemaligen Kolonien Angola und Mosambik. Von Idylle ist an diesem Verkehrsknotenpunkt wahrhaftig keine Spur mehr.

»*Wenn ich heute nach Benfica zurückkehre, finde ich Benfica nicht mehr. Die Pfauen schweigen, kein Storch hockt mehr auf der Palme bei der Post ... Es gibt keine Pfauen und Störche mehr, doch die Akazie meiner Eltern hält beharrlich stand. Vielleicht hält nur die Akazie stand, bleibt allein sie aus der Zeit wie der die Wellen durchbrechende Mast eines versunkenen Schiffes. Die Akazie reicht mir, die Läden und die Hinterhöfe haben sie abgerissen, sie spielen nicht mehr Papagei Loiro mit den Glocken, doch die Akazie hält stand. Und ich weiß, dass ich bei ihrem Stamm, wenn ich die Augen schließe, und das Ohr an den Stamm lege, die Stimme meiner Mutter höre, die ›Antoooooooonio‹ ruft, und ein weizenblonder Junge wird durch den Garten kommen, in der Hosentasche ein Säckchen mit Murmeln, er wird an mir vorübergehen, ohne mich zu sehen ...*« schreibt der Autor.

In »Der Judaskuß« verarbeitet der Autor seinen Militärdienst im Kolonialkrieg in Angola.

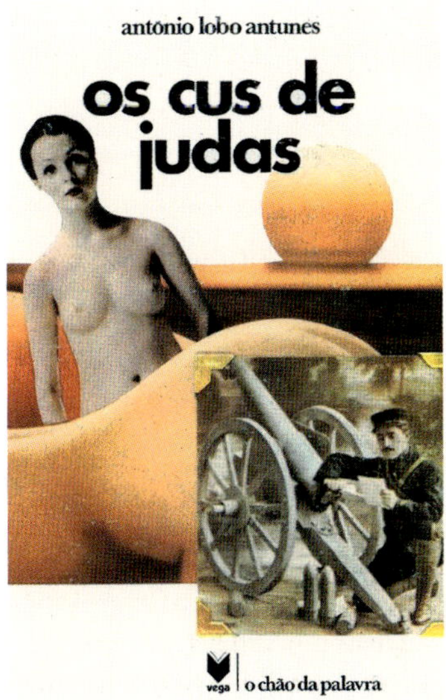

Mit vier Jahren erkrankt António an Knochentuberkulose und muss lange das Bett hüten. Seine Mutter bringt ihm Lesen und Schreiben bei. *»Ich war allein und las. Dann fing ich an zu schreiben: Gedichte, Geschichten, alles. Es war eine faszinierende Entdeckung: Man setzte Wörter zusammen und es ergab einen Sinn. Es wurde eine Sucht.«* Er schreibt heimlich und versteckt seine Manuskripte, damit der Vater sie nicht findet. Denn der möchte, dass der älteste Sohn »etwas Anständiges« lernt. Später als Chirurg füllt António die Notizblöcke des Krankenhauses mit seiner gleichmäßigen, winzigen Handschrift. *»Ich mag den physischen Kontakt mit dem Papier … Das ist sinnlicher, dichter. Wenn ich mit der Maschine schriebe, käme es mir vor, als würde ich Liebe mit einer Prothese machen.«*

An den Wochenenden packt der Vater die Familie ins Auto und fährt mit ihr an die Praia das Maçãs. Vor dem Parkplatz reiht man sich schwitzend ein in die Blechschlange der Ausflügler. Noch heute besucht Antunes den kleinen Badeort und übernachtet im Ferienhaus seiner Kindheit.

Als Kind liebt er den Zoo. An der Hand seines Vaters schaut er den Rollschuhfahrern zu, die dort elegante Runden drehen.

Vor allem der schwarze Lehrer, der ganz aufrecht und in weitausholenden Schleifen rückwärts über den Zement gleitet, hat es ihm angetan. Wie elegant und lässig er sich bewegt, »*ohne auch nur einen Muskel zu bewegen, um ihn herum Mädchen in kurzen Röcken und weißen Stiefeln, deren Stimmen, hätten sie gesprochen, sicher so weich geklungen hätten wie die auf den Flughäfen, die den Abflug der Flugzeuge ankündigen, Silben aus Watte, die in den Ohren zergehen wie die Reste eines Bonbons auf der Zunge.*«

Er bewundert die Tiere, »*die Einsamkeit der Giraffe ähnelte der eines traurigen Gulliver, ... die Straußenvögel glichen ledigen Turnlehrerinnen, die ungelenken Pinguine hatten Ballen wie Botengänger, Kakadus neigten den Kopf zur Seite, als betrachteten sie ein Bild; im Becken blähten sich in träger Ruhe die Nilpferde, die Schlangen rollten sich in weichen Spiralen zu Exkrementenhaufen, und die Krokodile fügten sich mühelos in ihr Schicksal, mörderische Echsen aus dem Tertiär zu sein*«.

POETISCHE ALBTRÄUME

Mit 19 beginnt er seinen ersten Roman und nimmt das Manuskript neun Jahre später mit in den Kolonialkrieg nach Angola, wo der Chirurg zwei Jahre seines Wehrdienstes ableisten muss. »Mit Nadel und Faden« flickt er die zerfetzten Leiber der »heldenhaften Verteidiger des Imperiums« zusammen und muss ansehen, wie Soldaten Babys an Baumstämmen totschlagen. Das Schreiben wird zur Überlebenstherapie. Um nicht den Verstand zu verlieren, schreibt Antunes sogar im Schützengraben. Seine Tochter – die erste von dreien – sieht er erst, als sie schon laufen kann und er abgemagert und traumatisiert nach Hause zurückkehrt.

Als erster Autor bricht Antunes das Schweigen über dieses nationale Trauma. In seinem Roman »Der Judaskuß« beschreibt er 1979 die seelische Höllenfahrt eines Soldaten, der aus Angola zurückkehrt. Betrunken steht der Kriegsveteran an einer Bar in Lissabon, redet, trinkt, monologisiert. Wütend, ausfallend, obszön, zärtlich und manchmal alles zugleich. In die Trauer, Wut und Verzweiflung des räsonierenden Mannes an der Bar mischt sich die Sehnsucht nach Nähe.

»Vielleicht würden Sie mich betasten, und plötzlich wäre ich ein Einhorn und würde Sie umarmen, und Sie würden aufgeschreckt mit den Armen schlagen wie ein auf eine Stecknadel gespießter Schmetterling, überquellend vor Zärtlichkeit… Ich streichle Ihre Brüste im schrägen Schatten der Füchse, Sie kaufen mir ein kleines Eis am Stiel bei den Clowns, die sich, untermalt von einem tragisch klingenden Saxophon, mit hochgezogenen Augenbrauen Klapse geben.«

Ein poetischer Albtraum, überwältigend in seiner Intensität, Opulenz und Sinnlichkeit. Das Buch löst einen Skandal aus und macht Antunes über Nacht weltberühmt.

Inzwischen hat er mehr als 30 Bücher geschrieben, die in über 50 Sprachen übersetzt wurden. Mehrmals ist er knapp am Literaturnobelpreis »vorbeigeschrammt«. 1998 zum Beispiel sah es ganz so aus, als sei seine Nominierung nur noch eine Formalie, doch dann verlieh das Komitee die Auszeichnung an José Saramago.

JARDIM ZOOLÓGICO DE LISBOA
Estrada de Benfica 158–160, Benfica
www.zoo.pt
▶ Metro: Jardim Zoológico

PORTAS DE BENFICA
Estrada da Benfica 732, Benifica
▶ S-Bahn: Benfica

EUSÉBIO DA SILVA FERREIRA

geb. 1942

Ein bescheidener junger Mann aus dem fernen Mosambik landet in Lissabon. Er wird der unumstrittene Fußballgott Portugals, der noch heute hochverehrt durch seine Stadt streift.

Fußball ist in Lissabon nicht einfach nur eine Sportart unter vielen, sondern eine existenzielle Angelegenheit. Und zwar nicht nur für Männer zwischen drei und 93 Jahren. Wenn anderswo leidenschaftlich über das Wetter geschimpft wird, ereifern sich die Portugiesen darüber, wohin der Ball geflogen ist und wer ihn wie ins Tor gebracht oder verfehlt hat. Keine Klima- oder Eurokrise sorgt für so viel Aufregung wie die Steuerschulden von Benfica oder das Gerücht, der eine oder andere Spieler liebäugle mit einem Wechsel. Fußball ist in Portugal eine Glaubensfrage, die über wichtige Bereiche des Lebens mitentscheiden kann. Junge Lissabonnerinnen etwa, die den falschen Mann ins Auge fassen, gehen das Risiko ein, entweder ihre Hochzeit oder den Familienfrieden zu gefährden. Und falsch bedeutet hier nicht etwa, dass der in Frage kommende Mann Zuhälter sein könnte. Falsch heißt, dass der Bursche Fan des falschen Fußballclubs ist.

Wenn der Ehemann in spe beispielsweise für Sporting Lissabon die Fahne schwenkt und nicht für Benfica Lissabon, wie es

Eusébio da Silva Ferreira war viele Jahre der Fußballstar von Benfica Lissabon und Stürmer in der portugiesischen Nationalmannschaft.

die Familie, in die er einheiraten will, schon seit Generationen zu tun pflegt, dann liegt Ärger in der Luft.

In Portugal ist Fußball eine ernst zu nehmende Sache. Es gab sogar eine Zeit, da hatte er staatstragende Dimensionen. In den 60er-Jahren, als das Land unter der Diktatur Salazars litt, lag eine Lähmung über Portugal. Doch glücklicherweise gab es einen, dessen öffentliche Auftritte die resignierten Menschen aus

Die Atlantikküste bei Lissabon. Eusébio liebt diese Landschaft. Hier hat er das Gefühl, dass sich Afrika und Europa nahe sind.

ihrer Lethargie herausreißen konnte. Es war der Jahrhundertfußballer Eusébio da Silva Ferreira. Er spielte für den Lissabonner Club Benfica. Seine grandiosen Treffer begeisterten nicht nur die Benfiquistas, die ihren Eusébio vergötterten. Alle Portugiesen waren stolz auf den schwarzen Fußballstar aus Mosambik. Als der berühmte Sportler 1966 ein Angebot von Inter Mailand bekam, verbot ihm Salazar, nach Italien zu wechseln. Er erklärte Eusébio zum Staatseigentum und verweigerte ihm die Ausreise.

Bis heute gehört der legendäre Fußballer, der noch immer in Lissabon lebt, zu den wenigen Prominenten, die schon zu ihren Lebzeiten mit einem eigenen Denkmal verewigt wurden. Es befindet sich vor dem Eingang zum *Estádio da Luz*, dem Station des Lichts, im Stadtviertel Benfica. Dort steht Eusébio, den berühmten rechten »Eisenfuß« zum Torschuss bereit, den linken Arm siegessicher hochgerissen.

»Dabei bin ich doch noch gar nicht tot, sondern gerade mal 50 Jahre alt und quietschlebendig«, kommentierte der Fußballer geschmeichelt, aber erkennbar irritiert, als ihn die Stadt Lissabon 1992 in Bronze gießen ließ und als Denkmal vor dem Stadion aufstellen ließ. Erst als *Mário Soares*, damals portugiesischer Staatspräsident und ein Freund von Eusébio, den Sportler öffentlich um diese Ehrung beneidete, versöhnte sich der Schützenkönig mit seinem Denkmal.

AN EUSÉBIO MESSEN SICH ALLE NACHFOLGER

Obwohl Eusébio längst nicht mehr aktiv auf dem Rasen unterwegs ist und inzwischen auch seine Trainertätigkeit beendet hat, verehren ihn die Lissabonner noch immer. Der ehemalige Stürmer mit der Nummer 10 auf dem rot-weißen Trikot ist und bleibt ihr großes Idol, der Maßstab, an dem sich alle Nachfolger messen lassen müssen.

Der portugiesische Jahrhundertstürmer kommt am 25. Januar 1942 als viertes Kind in Lourenco Marques, heute Maputo, der Hauptstadt von Mosambik, zur Welt. Das Land gehörte damals noch als Überseeprovinz Portugiesisch-Ostafrika zu Portugal. Die Familie ist arm, Mutter *Elisa da Silva Ferreira* muss ihre Kinder nach dem Tod ihres Mannes (1950) allein durchbringen.

An Fußballschuhe oder gar einen richtigen Ball ist nicht zu denken. Eusébios erste Fußballerfahrungen finden barfuß und am Sandstrand statt. Dort basteln sich die Jungs ihr Spielgerät aus Steinen, die sie mit Lumpen umwickeln. Wenn der Schuss ins Abseits geht, landet der Ball im Meer. Doch wenn der kleine Eusébio den Lumpen hat, passiert das auch ohne Stollen unter den Füßen eher selten. Bald gilt er als der beste am Strand.

Als Eusébio 18 Jahre alt ist, ist sein sportlicher Ruf schon bis Portugal gedrungen. Zwei Scouts aus der fernen Hauptstadt reisen an und engagieren den jungen Schwarzen für ihren Verein Sporting Lissabon. Von den umgerechnet etwa 2000 Euro kauft die Mutter ihrem vielversprechenden Sprössling erst einmal einen Koffer für die Reise.

Er kommt an einem kalten, grauen Dezembertag in Lissabon an. Er fröstelt, freut sich und fühlt sich trotzdem allein. *»Ich war das erste Mal auf dem europäischen Kontinent. Es war hart, mit 18 Jahren kurz vor Weihnachten die Familie und meine Heimat Mosambik für ein neues Leben zu verlassen und ganz allein nach Portugal zu fliegen. Wir sind katholisch, und Weihnachten war immer unser wichtigstes Familienfest«*, erzählt er später dem deutschen Journalisten Daniel Blum.

Während seiner Landung auf dem Aeroporto de Lisboa, der nicht weit vom Tejo entfernt liegt, schaut er auf die blinkenden Lichter der Stadt herunter. Ein fremdes und verwirrendes Lichtermeer für einen jungen Mann, in dessen Heimatstadt noch Petroleumlampen flackern. Dann sieht er die Schiffe im Tejo, der sich kurz vor seiner Mündung ins Meer zu einem riesigen natürlichen Hafendelta erweitert, und freut sich darüber, *»wenigstens in eine Stadt zu kommen, die wie meine Geburtstadt Lourenco Marques einen Hafen hat«.*

Doch dann landet Eusébio nicht bei Sportling Lissabon, sondern bei Benfica, dessen Funktionäre ihn kurzerhand kidnappten. Es dauert lange, bis sich der schwarze Spieler in seiner neuen Heimatstadt wohl fühlt. *»Lissabon war für mich keine Liebe auf den ersten Blick. Zu meinen Kollegen habe ich immer gesagt, ihr glaubt doch, dass ich eigentlich aus dem tiefsten Busch komme. Dabei habt ihr noch nie eine richtige Stadt gesehen. Ich dachte: Keine ist so schön wie Lourenco Marques, meine Heimatstadt. Aber letztlich waren es eben jene Mitspieler, die mir halfen, Lissabon auch außerhalb des Stadions zu einem Stück Heimat werden zu lassen.«*

Das Eusébio-Denkmal vor dem Estádio da Luz. Im »Stadion des Lichts« spielt das Team von Benfica Lissabon auf.

Eusébio macht rasch Karriere und spielt sich mit Eleganz und Geschwindigkeit – ganz ohne Fouls und elitäre Attitüden! – in die Herzen der Zuschauer. In der Weißen Stadt, wie der Schweizer Filmregisseur Alain Tanner Lissabon einst titulierte, nennt man ihn respektvoll »Schwarzer Panther«.

Seine sensationelle Erfolgsstory stellt die Karrieren der meisten aktuellen Torschützen weit in den Schatten: In 745 Spielen schießt der »Pantera Negra« 733 Tore. Viermal steht Eusébio im Endspiel für den Europapokal, den er einmal gewinnt. Achtmal schießt er den Club mit dem Adler im Wappen zur portugiesischen Meisterschaft. 1968 wird er bester Torschütze Europas, gewinnt 1973 zum zweiten Mal den Goldenen Schuh.

Vor jedem Spiel bekreuzigt sich der gläubige Katholik, stets betritt er als letzter das Spielfeld. Seine Schüsse, auch die aus großer Distanz, versetzten jeden gegnerischen Torwart in Angst und Schrecken. Doch trotz seiner Erfolge muss der Sportler auch einiges einstecken. Sechsmal wird er am linken Knie operiert. Sein letztes Spiel bestreitet er 1975. Nach dem Ende seiner aktiven Zeit trainiert er den Nachwuchs von Benfica.

Dessen Stadion ist nach Fatima der beliebteste Wallfahrtsort Portugals. Es liegt an der Peripherie der Stadt, dort, wo die Hochhäuser das Umland zerfransen und die Wäsche aus dem 16. Stockwerk flattert. Das neue *Estádio da Luz*, das Stadion des Lichts, wurde für die Fußball-Europameisterschaft 2004 gebaut und bietet Platz für 65 600 Besucher. Es wurde von der UEFA zu einem Elite-Spielplatz klassifiziert und bietet auch Führungen an.

Inzwischen hat der Club, der sich nach seinem Viertel benannte, sogar einen eigenen Fernsehsender, Benfica TV, gegründet. Dessen Sendungen werden von den Lissabonnern mit Ausdauer verfolgt, kommentiert und diskutiert. Jeder Spieler wird bis ins Detail seziert, Skandale und Klatsch um Trainer und Manager bieten nicht nur für erregte Herrenrunden Gesprächsstoff.

LISSABON – SEIN GANZES GLÜCK

Hier in Benfica, diesem früher einmal gutbürgerlichen, inzwischen aber wüst verbauten Stadtteil, wohnt der Fußballstar seit seiner Ankunft aus Mosambik vor über 50 Jahren. Hier, im Umfeld seines Clubs, fühlt er sich zu Hause, denn hier hat er sich in der neuen Heimat akklimatisiert. Obwohl er sich längst den Umzug in ein besseres Wohnviertel leisten könnte, will er nicht umziehen.

»Ich habe immer für den Club Benfica gespielt. In der Kirche von Benfica habe ich Flora, meine Frau geheiratet. Gleich um die Ecke, im Krankenhaus Benficas, kamen meine beiden Töchter zur Welt. Getauft wurden sie wiederum in der Kirche, in der wir getraut wurden. In diesem Stadtteil Lissabons lebe ich, und – so Gott will – werde ich hier in Benfica auch sterben.«

Um näher an seinem geliebten Meer zu sein, hat Eusébio für sich und seine Familie ein Wochenendhaus in den Pinienhainen an der Costa da Caparica gekauft. Dort, auf der Halbinsel Setúbal, nahe dem Naturpark Arrábida, liegen die Hausstrände der Lissabonner. Der Ex-Fußballer ist ein begeisterter Schwimmer. »*An manchen Abenden, wenn nach einem schönen Tag am Strand die Sonne im Atlantik untergeht, habe ich das Gefühl, dass Afrika und Europa sich in meinem Herzen ganz, ganz nah sind*«, sagt er.

Ein Stück weiter südöstlich, auf der Halbinsel Tróia, erstreckt sich der Strand von Comporta. Hier verbringt der Starkicker und Weltfußballer von 2008, Cristiano Ronaldo, im Gegensatz zu seinem bescheidenen Vorgänger Eusébio ein eher gelackter Fußballgott, seine Wochenenden. Auch der derzeitige Kapitän der portugiesischen Nationalmannschaft ist nicht auf dem portugiesischen Festland geboren, sondern kam 1985 in Funchal auf der Insel Madeira zur Welt. Heute ist es sein Konterfei, das auf den Fantrikots in den Souvenirgeschäften der Baixa den Ton angibt.

An den kilometerlangen, breiten Sandstränden von Comporta, die erst vor wenigen Jahren erschlossen wurden, spielt Ronaldo nicht Fußball und schon gar nicht barfuß. Lieber geht er schwimmen oder surfen und lässt sich danach in einer der schicken Strandbars dem Sonnenuntergang entgegentreiben.

ESTÁDIO DO SPORT LISBOA E BENFICA (DA LUZ)
Rua José Maria Nicolau, Benfica
www.slbenfica.pt
▶ Metro: Colégio

ESTÁDIO JOSÉ ALVALADE XXI (SPORTING LISSABON)
Rua Prof. Fernando da Fonseca, Campo Grande
www.sporting.pt
▶ Metro: Campo Grande

MARIA JOÃO PIRES

geb. 1944

Ein zartes Mädchen aus Lissabon erobert die Konzertsäle der Welt. Aus dem Wunderkind wird eine große, skeptische und scheue Künstlerin, die eine Hassliebe mit ihrem Land verbindet.

Mit vier Jahren tritt sie das erste Mal vor einem Publikum auf. Da ist sie noch zu klein, um allein auf den Schemel zu klettern. Ihr Klavierlehrer muss sie hoch heben. Als sie vor dem großen Flügel sitzt, schaut sie verblüfft – zu Hause hat sie immer auf einem viel kleineren Instrument gespielt. Die Zuhörer beginnen zu lachen. Da sieht sie empört in die Runde und fängt an zu spielen. Nach den ersten Anschlägen verstummt das Lachen schlagartig. Jetzt lauschen alle nur noch.

Alte Schwarz-Weiß-Fotografien von jenem Abend Ende der 1940er-Jahre in Lissabon zeigen ein entzückendes kleines Mädchen mit großen Augen, dunklem Pagenkopf und weißem Spitzenkleid. Sie sieht süß aus, und zugleich ernst und erwachsen. Und sie spielt so, dass es manchem Zuhörer die Tränen in die Augen treibt. Die Pianistin Maria João Pires ist ein Wunderkind. Wie Mozart, mit dessen Klavierkonzerten sie drei Jahre später debütiert.

Heute lebt die preisgekrönte Künstlerin nach Zwischenstationen in Deutschland, der Schweiz und Paris in Brasilien. Sie

Die Pianistin Maria João Pires ist in den Konzertsälen der ganzen Welt zu Hause. Ihre Karriere begann in Lissabon.

hat Vorstellungen in Europa, Amerika, Kanada, Israel und Japan gegeben und tritt mit den besten Orchestern und den berühmtesten Dirigenten der Welt auf. *»Wenn Maria lächelt, liegt ihr der ganze Konzertsaal zu Füßen«*, lobt 2012 ein Kritiker nach einem Konzert mit dem Dirigenten *Claudio Abbado* in Hamburg. *»Es war ein freundliches, zutiefst beglückendes Lächeln im Antlitz dieser bescheidenen, sympathischen Frau, das sich sowohl aufs Publikum*

Das Lissabon der 1940er-Jahre: Hier wird Maria João Pires geboren, hier wächst sie auf, hier wird sie ausgebildet.

als auch auf das sie begleitende Lucerne Festival Orchestra übertrug und das sogar in ihr hinreißendes Spiel am Freitagabend in der Musikhalle hinwirkte.«

Die 1,52 Meter große Pianistin ist seit Jahrzehnten ein Weltstar und doch alles andere als eine Diva. Eher eine Suchende, die sich bis heute nicht so recht an ihren Ruhm gewöhnen will. *»Ich hatte immer Mühe zu begreifen, dass ich eine professionelle Karriere mache und zu den international bekannten Künstlern gehöre«*, gesteht die feingliedrige Portugiesin mit dem schönen, ausdrucksvollen Gesicht und den kurzen Haaren in einem Interview.

Drei Jahre nach ihrem Lissabonner Debüt spielt sie ihr erstes Mozartklavierkonzert, weitere zwei Jahre später belegt sie den ersten Platz beim portugiesischen Jugendmusikpreis. Zu dieser Zeit übernachtet die schüchterne Neunjährige noch immer im Zimmer ihrer Mutter. Bis sie 12 Jahre alt ist, kann sie nicht allein einschlafen.

Ihre Mutter *Alzira Pires* ist zwar stolz und glücklich, eine so talentierte Tochter zu haben, gleichzeitig aber auch sehr besorgt um ihre Jüngste, die sich schon so früh in Wettbewerben bewähren muss. »*Meine Tochter hat eine große innere Stärke, aber sie ist auch sehr sensibel. Als Kind weinte sie sich nächtelang in den Schlaf, weil sie den Wahnsinn von Schumann spürte. Sie spürte, dass er bereits verrückt war, als er dieses Konzert schrieb. Er hat gelitten, also litt sie mit ihm*«, erzählt die greise Mutter 1990 im Rückblick dem Schweizer Dokumentarfilmer Werner Zeindler.

Diese tiefe Einfühlungsgabe prägt Maria João Pires Verhältnis zur Musik bis heute. Schon bevor sie Noten lesen kann, stellte sie sich die Töne als Farben vor, wenn sie ihrer älteren Schwester beim Klavierspielen zuhört. Für jede Note eine eigene Farbe. Eine Klangfarbe. Die Musik wird Marias Universum, der Schlüssel zu ihrer Gefühlswelt und ihrer persönlichen Entwicklung. Schon als kleines Mädchen findet sie heraus, dass sie besser spielen kann, wenn sie vorher gebadet hat.

DER GROSSVATER IST BUDDHIST

Zu ihrer Mutter hat Maria bis zu deren Tod eine sehr enge Beziehung, der Vater ist wenige Wochen vor ihrer Geburt am 23. Juli 1944 gestorben. Dafür lebt der Großvater mit im Lissabonner Haushalt. Er ist in Asien zum Buddhismus konvertiert, was im katholischen Portugal niemand verstehen kann. Später wird die Enkelin für diese Weltanschauung große Sympathie entwickeln.

»*Ich hatte eine mehr oder weniger normale Jugend und bin sehr behütet aufgewachsen. Meine Mutter hatte immer das Gefühl, mich besonders beschützen zu müssen. Sie ließ mich zwar Konzerte geben, die unter Umständen bis nach Mitternacht dauerten, sie hätte es aber nie zugelassen, dass ich auf Tournee ging*«, erinnert sich Maria João Pires.

Bis zu ihrem 17. Lebensjahr studiert sie am Lissabonner Musikkonservatorium *Escola Superior de Música* bei *Francine Benoit* Musiktheorie und Komposition und Klavier bei *Campos Coelho.* 1958 gewinnt sie den Prémio Nacional Elisa de Sousa Pedroso, 1960 bei den Jeunesses Musicales in Berlin einen zweiten Preis und im gleichen Jahr in Lissabon den ersten Preis beim Franz Liszt-Wettbewerb.

Internationale Beachtung findet Maria João Pires 1970 in Brüssel, wo sie den internationalen Wettbewerb anlässlich Beethovens 200. Geburtstag gewinnt. Zu den zahlreichen weiteren internationalen Auszeichnungen kommt 1989 auch der portugiesische Pessoa-Preis hinzu, die höchste kulturelle Ehrung ihres Landes.

Ein Stipendium der Lissabonner Gulbenkian-Stiftung ermöglicht es der begabten Portugiesin, ihre Ausbildung in Deutschland fortzusetzen, zunächst an der Musikhochschule München, anschließend in Hannover. In Deutschland kommen auch ihre ersten beiden Töchter zur Welt. Doch glücklich wird die gebürtige Lissabonnerin weder hier noch in der Schweiz, wo sie ebenfalls einige Jahre lebt. »Eine Katastrophe«, wie sie rückblickend sagt. Sie bekommt einen rätselhaften Hautausschlag und rennt von Arzt zu Arzt, bis ihr schließlich klar wird, dass sie sich in ihre Heimat zurücksehnt. Und tatsächlich verschwinden die Symptome in Portugal rasch.

Später zieht Maria João Pires mit ihren Kindern nach Paris, unter anderem um dort den musikalischen Austausch mit Kollegen zu intensivieren. *»Ich habe eine sehr lateinische Ader. Hier in Frankreich sind die Menschen den Portugiesen doch näher als die Deutschen oder Engländer«*, gesteht sie im Interview, *»noch heute halte ich es in deutschsprachigen Ländern nicht länger als eine Woche aus. Und wenn man mich beispielsweise nach London schickte, ginge ich zugrunde.«*

Maria João Pires nach einem Klavierkonzert. Die Pianistin hat sich rar gemacht und steht nicht gern im Mittelpunkt.

In Frankreich lebt die begnadete Mozart-Interpretin mit dem Violinisten *Augustin Dumay* zusammen, mit dem sie viele gemeinsame Aufnahmen für die Deutsche Grammophon Gesellschaft macht. Dumay ist extrovertiert, sie schüchtern und zurückhaltend. *»Wir sind sehr unterschiedlich und haben musikalisch viel voneinander gelernt. Kompromisse sind wichtig, damit etwas Neues entsteht.«* Auch nach der privaten Trennung bleiben die beiden gute Freunde und Kollegen.

Als Künstlerin spielt sie am liebsten Kammermusik. Allein auf der Bühne zu stehen, mag sie überhaupt nicht, und auch die Karriere steht bei ihr nicht im Vordergrund. *»Ich hätte beruflich sicherlich mehr erreichen können, aber das hat mich nie interessiert. Ich mag keine Wettbewerbe. Sie zerstören die Seele der Musiker. Jemanden anders verdrängen zu müssen, um die Beste zu sein, ist schrecklich und hat mit Kunst nichts zu tun.«*

2003 spielt sie mit den Berliner Philharmonikern im Hieronymuskloster von Belém Mozarts Klavierkonzert Nr. 20. Sie genießt es, mit anderen Künstlern zusammenzuspielen und begeistert sich für zeitgenössische Musik. Lieber als öffentlich aufzutreten, nimmt sie Schallplatten auf. *»Ich stehe nicht gern im Mittelpunkt. Ich lebe und arbeite auch lieber in einer Gruppe, für mich besteht das Leben aus Teams und Familien. Ich fühle mich nicht gerne abgeschnitten von anderen. Da wird man seltsam und einsam.«*

1999 erfüllt sie sich einen Traum und baut in Portugal ein interkulturelles Zentrum für das Studium der Kunst auf. Schon lange besitzt sie nahe der Kleinstadt Castelo Branca ein Haus auf dem Land. Hier in Belgais unweit der spanischen Grenze möchte sie unterprivilegierten, drogenabhängigen und sexuell missbrauchten Kindern den Zugang zur Kunst ermöglichen.

Schon immer hat sie sich auf dem Land wohler als in der Stadt und mit den Schwächeren der Gesellschaft solidarisch gefühlt. *»Es kann doch nicht richtig sein, dass so viele Menschen im Luxus leben und andere gar nichts haben. Ich möchte etwas dagegen unternehmen und diesen Kindern zeigen, wie heilsam es ist, wenn man sich für etwas engagiert. Kunst kann dazu beitragen, den Menschen ihre Würde zurückzugeben«*, davon ist die Musikerin überzeugt.

ENTTÄUSCHT VON DER HEIMAT

Wenige Jahre später muss sie sich das Scheitern ihres Projekts eingestehen. Enttäuscht kehrt sie ihrer Heimat den Rücken und zieht nach Brasilien. *»Portugal war das falsche Land für ein solches Vorhaben. Ich bin angegriffen und denunziert worden, weil die Menschen leugnen, dass es bei uns diese Probleme gibt. Ich habe 30 Jahre lang unter einem faschistischen Regime gelebt und das, was mir passiert ist, erinnert mich fatal an diese Zeit«*, sagt sie im April 2007 dem britischen Journalisten Geoffrey Norris.

»Das Leben ist nicht einfach, für keinen von uns«, zieht sie kurz darauf eine Bilanz der letzten Jahre. *»Ich habe schwierige Zeiten hinter mir. Aber ich glaube, sie waren wichtig für mich. Ich habe eine Menge dabei gelernt und mich mit dem Projekt vermutlich auch übernommen, weil ich zu viel auf einmal erreichen wollte.«*

Inzwischen beschäftigt sie sich viel mit dem Buddhismus. Als Buddhistin sieht sie sich dennoch nicht. Kategorisierungen sind ihr ebenso fremd wie festgezurrte nationale Identitäten: *»Ich mag keine Grenzen. In allererster Linie sind wir doch alle Menschen.«*

Heute lebt Maria João Pires mit ihrem Adoptivsohn *Claudio* in Brasilien, wo sie ein ähnliches Bildungsprojekt plant. Ihre Töchter und Enkel wohnen in Portugal. Zweimal im Jahr kommt die Pianistin für Konzerttourneen nach Europa, natürlich auch nach Portugal. *»Ich trete jetzt seit mehr als 60 Jahren öffentlich auf, und ich spiele immer noch gerne. Aber das viele Reisen und die Konzerttourneen reizen mich immer weniger«*, gesteht sie.

Pires hat angekündigt, dass sie sich mit 70 Jahren aus der Öffentlichkeit zurückziehen und nur noch ihren humanitären Projekten und der Familie widmen möchte, bis dahin gibt sie immer wieder Konzerte, wie etwa zur 50. Geburtstagsfeier des kulturell ambitionierten Lissabonner Goethe-Instituts **14** *(▸ G 3)* im Oktober 2012. Da hat sie »Heimaturlaub«, da spielt sie auf.

ESCOLA SUPERIOR DE MÚSICA DE LISBOA (ESML)
Campus de Benfica do IPL, Benfica
www.esml.ipl.pt
▸ S-Bahn: Benfica

GOETHE-INSTITUT LISSABON 14 ▸ *G 3*
Campo dos Mártires da Patria 37, Campo do Santana
www.goethe.de/ins/pt
▸ Metro: Avenida

JOANA VASCONCELOS

geb. 1971

Eine Portugiesin aus Paris erobert Lissabon und die Welt – der umgekehrte Gang der Dinge. Die Künstlerin hat sich sogar am Wahrzeichen der Stadt versucht. Mit großem Erfolg.

Ein Stöckelschuh aus Kochtöpfen, Plastikherzen, die sich zum Fado bewegen, Fabelwesen aus bunten Stoffresten, ein Kronleuchter aus Tampons. Die Objekte der Künstlerin Joana Vasconcelos verstecken sich nicht hinter abstrakten Chiffren. Sie sind weder kompliziert noch intellektuell verrätselt oder kunsthistorisch überfrachtet, sondern im Gegenteil ausgesprochen sinnlich und plakativ. Oft verspielt, manchmal ironisch und gelegentlich ein bisschen provokativ. Und so feminin und opulent wie die junge Künstlerin selbst.

Für die Portugiesen ist Frankreich in vieler Hinsicht ein wichtiger Maßstab. Dies gilt vor allem für Kunst und Kultur. Schon zu den Zeiten des Sonnenkönigs prägen die höfischen Sitten der »Grande Nation« den Lebensstil des portugiesischen Adels. Später orientiert sich auch die Boheme am französischen »joie de vivre«. Schriftsteller und Maler, die über den Tellerrand ihrer Traditionen blicken wollen, gehen nach Paris, um sich dort inspirieren zu lassen. Die französische Kulturmetropole ist bis heute das große

Joana Vasconcelos ist eine der wichtigsten avantgardistischen Künstlerinnen Lissabons. Sie hat die Szene entscheidend mitgestaltet.

Vorbild der Auswanderernation Portugal. Wer es in Paris schafft, der schafft es überall.

Vor diesem Hintergrund erscheint Joana Vasconcelos Lebensweg gleich doppelt bemerkenswert. Zum einen ist die 1971 an der Seine geborene Portugiesin eine der wenigen oder vielleicht sogar die einzige Künstlerin, die den umgekehrten Weg gegangen ist: Sie zog als Kind von Paris nach Lissabon, wo sie auch ihre

»Die Braut« heißt das provokante Werk von Joana Vasconcelos: ein Kronleuchter aus 25 000 in Cellophan verpackten Tampons.

Ausbildung an der örtlichen Kunstakademie erhielt. Und zum anderen – und darauf sind die Lissabonner besonders stolz – hat es Joana Vasconcelos als erste Frau geschafft, im Schloss von Versailles auszustellen. Si, in Versailles! Einem der prominentesten und geschichtsträchtigsten Ausstellungsorte der Welt!

In dessen Spiegelsaal glitzert 2012 Joana Vasconcelos Stiletto, ein überdimensionaler, aus Edelstahlkochtöpfen und -deckeln zusammengesetzter Pumps. Ein Kunstobjekt, mit dem die Portugiesin augenzwinkernd auf die Doppelbödigkeit der modernen Frauenrolle zwischen Hausarbeit und Glamour hinweist.

Das blitzeblank polierte Paar Stöckelschuhe mit dem vielsagenden Titel »Marilyn«, das ein Jahr später auch im prachtvollen Lissabonner Ajuda Palast, einem Königssitz aus dem 19. Jahrhundert, ausgestellt wird, wurde auf einer Auktion von Christie's in London für rund eine halbe Million Euro ersteigert.

Wer sich während eines Lissabon-Besuchs einen der glamourösen Pumps ansehen will, sollte einen Ausflug zu dem schicken Badeort Tróia südlich der Halbinsel Setúbal planen. Schon bald rückt ein markantes Hochhaus mit einer wellenförmig akzentuierten, nachts bunt illuminierten Fassade näher. Das kunstvoll recycelte Gebäude aus den architektonisch eher öden 1970er-Jahren beherbergt heute ein Casino und das mit viel Glas und zeitgenössischer Kunst ausgestattetes Tróia Design Hotel. In dessen Lobby triumphiert Joanas High Heel »Sandália Cinderela« überweibsgroß über die Niederungen des Hausfrauenalltags. An den traumhaften Sandstränden, die sich von Tróia aus kilometerlang gen Süden erstrecken, käme man mit solchem Schuhwerk nicht besonders weit.

KUNSTWERK FÜR DEN NACHTCLUB

Und in Lissabon? Der Ausgehmetropole mit dem ausschweifenden Nachtleben? *»Als ich den Pumps mit seinen spitzen, hohen Absätzen entwarf, habe ich mir immer wieder vorgestellt, wie schwierig es ist, sich mit hochhackigen Stöckeln auf unserem Kopfsteinpflaster zum Beispiel im Bairro Alto zu bewegen«*, kommentiert die Künstlerin selbst trocken ihr Werk. Kunst und Lebenskunst sind eben doch nicht immer identisch.

Als wesentlich nachtlebentauglicher erwies sich da ihre Installation »A noiva« (Die Braut), ein aus 25 000 Tampons zusammengesetzter Kronleuchter im klassischen Stil. Das provokante Stück, das Joana Vaconcelos zum ersten Mal 2005 auf der Biennale in Venedig präsentierte, haben selbst die freizügigen Franzosen nicht aufhängen wollen. Dafür schwebte »Die Braut« eine Zeitlang über den Köpfen der Nachtschwärmer des *Lux* **22** *(▸ K 4)*. Der zweistöckige Nachtclub mit seiner Dachterrasse am Tejo gehört dem Lissabonner Geschäftsmann *Manuel Reis*, prominenter Mitinhaber ist der amerikanische Schauspieler John Malkovich.

Manuel Reis, der zuvor im Bairro Alto eine Szenedisco und einen Designshop eröffnete, ist nicht nur Lissabons unumstrittener Nachtclubkönig, sondern auch ein wichtiger Strippenzieher für alles, was mit modernem Lifestyle zu tun hat. Er hat in den 1990er-Jahren wesentlich dazu beigetragen, die verschlafene Stadt vom Staub der Geschichte frei zu pusten und für die junge internationale Szene attraktiv zu machen. Dass Lissabon heute an den Docks von Alcântara oder Santa Amaro mit stylishen Bars und Restaurants ein unglaublich intensives Nachtleben hat, ist auch sein Verdienst.

Für Joana Vasconcelos, die mit Manuel Reis gut befreundet ist und als Tochter eines portugiesischen Fotografen schon als Kind mit Kunst in Berührung kam, ist der künstlerische Bezug zu ihrer Heimatstadt enorm wichtig. *»Lissabon war immer mein Ausgangspunkt, sowohl für mich persönlich als auch für meine Kunst«*, sagt sie. Bei den meisten Installationen setzt sie sich mit der Topografie und den Traditionen der portugiesischen Hauptstadt auseinander. Oft greift sie dabei auf Alltagsgegenstände, alte Handarbeitstechniken und Volkskunst zurück.

So besteht ihre Installation »Independent Hearts«, die von Frühjahr bis Herbst 2013 zusammen mit dem Pumps im Palast von Ajuda gezeigt wird, aus einer Kette von Plastikherzen, die zu schmachtenden Fado-Melodien in Schwingung geraten. Für ihre Pariser Ausstellung bringt sie zwei in der heimischen Keramikfabrik von Bordalo Pinheiro gebrannte Riesenhummer nach Versailles, überzieht sie mit gehäkelten Überwürfen und drapiert sie im Speisezimmer des französischen Königspalasts. Eine appetitliche Anspielung auf die üppigen Festgelage, die Ludwig XVI. hier feiert, bevor er 1793 von den Revolutionären aufs Schafott geschickt wird. Als Hommage an Königin Marie Antoinette schmückt Vasconcelos einen Hubschrauber mit Gold und rosafarbenen Straußenfedern.

Kunst am Wahrzeichen von Lissabon: 2008 hat Joana Vasconcelos den Turm von Belém mit einer überdimensionalen Kette behängt.

Den meisten Franzosen gefällt es, wie die junge Portugiesin ihren historischen Palast zum Funkeln bringt. Sie selbst freut sich, als erste Frau an einem Ort ausstellen zu dürfen, der täglich von Hunderttausenden von Menschen aus aller Welt besucht wird. *»Ich finde es wunderbar, hier meine portugiesische Kultur mit anderen teilen zu können«*, bekennt sie geschmeichelt. Die Ausstellung markiert ihren internationalen Durchbruch als Künstlerin.

Joana Vasconcelos hat seit dem Jahr 2000, in dem sie mit einem Nachwuchspreis für junge Künstler prämiert wurde, an vielen öffentlichen Plätzen in Lissabon ausgestellt: im Elektrizitätsmuseum am Tejo, wo sie ihren »Garten Eden« zeigte, im Park des Stadtmuseums, den sie mit Riesentieren aus Porzellan bevölkert, vor allem im Berardo-Museum im Kulturzentrum von Belém, vor dessen Eingang ihre aus grünen Flaschen erbaute, sieben Meter hohe Skulptur »Nectar« steht.

Das Museu Coleção Berardo, ein Museum für moderne und zeitgenössische Kunst, zeigt im Übrigen eine der bemerkenswertesten Ausstellungen der Stadt. 2007 wurde der schlichte weißgraue Bau, der an antike Festungen erinnert, eröffnet. Er beherbergt unter anderem Werke von Joan Miró, Paula Rego, Salvador Dalí, Max Bill, Jackson Pollock, René Magritte, Marc Chagall und Andy Warhol.

In der Nähe steht die *Torre de Belém*, die Joana für ihr erstes großes öffentliches Projekt »Jóia de Tejo« diente. Sie hat das Wahrzeichen von Lissabon mit einem Collier aus bunten Bojen umwickelt. *»Ich bin mit dem Blick auf die Torre de Belém groß geworden und habe sie auf meinem Schulweg jeden Tag gesehen. Daher kenne ich dieses Monument sehr gut. Sie ist unsere Schatzkammer und bewahrt bis heute unsere Erinnerungen an die Seefahrer der manuelinischen Epoche auf. Es war an der Zeit, ihr dafür mit einer Kette zu danken.«*

IN LISSABON MIT DER WELT VERBUNDEN

Die Kette ist für die Künstlerin auch ein Tribut an die weibliche Seite der Stadt. *»Lissabon ist eine sonderbare Lebensform, eine Mischung aus Amália Rodrigues, Fado und Fischverkäuferin«*, erklärt sie. Das Zitat bringt ihre beiden zentralen Themen auf den Punkt: nationale Identität und Geschlechtsrollen.

Immer wieder kreisen Joanas Ideen und Entwürfe dabei um die Topographie ihrer Heimatstadt und die damit verbundene »Poesie des Atlantiks«: Lissabon gehört zu den wenigen Hauptstädten Europas, die direkt am Atlantik liegen, dem wildesten aller Ozeane. *»Dieses Privileg, auf diese Weise mit der Welt verbunden zu sein, ist absolut fantastisch«*, schwärmt sie und betont: *»Lissabon ist für mich ein Synonym für die Kommunikation mit der Welt.«*

Für ihre umfangreichen Installationen arbeitet die Künstlerin mit einem Team von Handwerkern und Ingenieuren zusammen.

»Bei meinen Objekten spielt Handarbeit eine große Rolle. Oft müssen wir Werkzeuge, Materialen und Techniken selbst entwickeln. Ich habe kein Architekturstudium und keine Ahnung von den technischen Aspekten. Deshalb brauche ich Leute, die mich unterstützen. Wir bündeln dann unsere Kenntnisse.«

Ohne die Hilfe von Fachleuten wäre auch ihr jüngstes Projekt kaum möglich gewesen: »Trafaria Praia«, mit dem sie 2013 auf der 55. Biennale in Venedig ihre Heimat repräsentiert hat. Portugals Pavillon ist ein Fährboot, das 1960 in der Hanseatischen Werft in Hamburg gebaut und später zwischen Lissabon und dem gegenüberliegenden Ufer hin und her pendelte. Joana Vasconcelos und ihr Team haben die Barkasse in den heimischen Docks mit traditionellen Kacheln und Stoff-Installationen in maritimen Farben umgestaltet. Eine leuchtende Hommage an das Meer.

ATELIER JOANA VASCONCELOS **3** ▶ *C6*
Edificio Gonçalves Zarco, Rua da Cintura do Porto de Lisboa, Doca de Alcântara Norte
www.vasconcelostrafariapraia.com, www.joannavasconselos.com
▶ S-Bahn: Alcântara-Mar

LUX **22** ▶ *K4*
Avenida Infante Henrique, Cais da Pedra a Santa Apolonia, Penha França
www.luxfragil.com
▶ Metro: Santa Apolónia

MUSEU COLEÇÃO BERARDO
Kulturzentrum Bélem, Praça do Império, Belém
http://pt.museuberardo.pt
▶ Tram: Belém-Jerónimos

PALÁCIO NACIONAL DE AJUDA
Largo da Ajuda, Alto da Ajuda
www.imc-ip.pt
▶ Tram: Cç. Ajuda (GNR)

PERSONENREGISTER

Eine *kursive* Zahl verweist auf eine Abbildung.

ORTS- UND SACHREGISTER

Eine *kursive* Zahl verweist auf eine Abbildung, eine **fett** gedruckte Zahl verweist auf eine Adresse am Ende der Kapitel.

Liebe Leserinnen und Leser,
vielen Dank, dass Sie sich für einen Titel aus unserer Reihe MERIAN porträts entschieden haben. Wir freuen uns, Ihre Meinung zu diesem Buch zu erfahren. Bitte schreiben Sie uns an merian-portraets@travel-house-media.de.

ISBN 978-3-8342-1495-9
1. Auflage

TRAVEL HOUSE MEDIA
Postfach 86 03 66
81630 München
www.merian.de

VERLAGSLEITUNG
Dr. Malva Kemnitz
PROJEKTLEITUNG
Susanne Kronester
REDAKTION
Juliane Helf
BILDREDAKTION
Kathrin Schäfer, Tobias Schärtl
SCHLUSSREDAKTION
Heidemarie Herzog
HERSTELLUNG
Bettina Häfele
SATZ/TECHNISCHE PRODUKTION
h3a GmbH, München
REIHENGESTALTUNG
independent Medien-Design, Horst Moser, München
DRUCKVORSTUFE
Repro Ludwig, Zell am See
DRUCK UND BINDUNG
Druckerei Kösel, Krugzell

TRAVEL HOUSE MEDIA

Ein Unternehmen der
GANSKE VERLAGSGRUPPE

PEFC
PEFC/04-31-1765

BILDNACHWEIS
S. 6–7 (v.l.n.r.): dpa Picture-Alliance: U. Poss, Shutterstock.com: brandonht, Fotolia: S. Horta, dpa Picture-Alliance: Atlantico Press, Fotolia: Jessmine
S. 8–9 Orientierungskarte Gecko Publishing GmbH
action press: 115 • akg-images: africanpictures 35, Album/Oronoz 19, De Agostini Picture Lib. 36, 92, (c) VG Bild-Kunst, Bonn 2913 103 • Alamy: S. Nogueira 68 • aldorado10/123RF: 140 • Toni Anzenberger: 87 • Bildgentur Huber: S. Raccanello 28 • Bildagentur-online: U.I.G 43 • CAMERA PRESS: E. McCabe 131 • Corbis: M. Abreu/JAI 148, S. Sonnet 52 • ddp images: 91 • Deutsche Grammophon: H. Hoffmann 155 • DMF FOTOGRAFIA: LDA (c) VG Bild-Kunst, Bonn 2913 167 • dpa Picture-Alliance: L. Avers 108, W. Berner 83, M. Cruz 71 • eyevine: G. Robertson 123 • Getty Images: 95, Berwin, Collection: Hulton Archive 156, DEA/G. Dagli Orti, Collection: De Agostini 79, H. Gloaguen, Collection: Gamma-Rapho 84, F. Guerra 127 • GlowImages: 23 • imago: CTK Photo 159, GlobalImagens 12, 100, IP3press (c) VG Bild-Kunst, Bonn 2913 164, P. Koller 151 • IngolfBLN/CC BY-SA 2.0: 44 • INTERFOTO: 147, Sammlung Rauch 27, 59 • laif: M. Borgese/hemis.fr 46, H. Meyer 111, I. Ohlbaum 139, Pereira/Wong/4SEE 63, X. Popy/REA 163, P. Renault/hemis.fr 119, S. Torrione/hemis.fr 132, Voge/Le Figaro Magazine 31 • LEEMAGE: images.de 15 • look-foto: 39 • mauritius images: Alamy 135, United Archives 51, H. Zaglitsch 116 • Museu Bordalo Pinheiro Lisboa 67 • Museu Calouste Gulbenkian 76 • Museu da Cidade Lisboa: 55 • Schapowalow: Atlantide G. Cozzi 124 • Shutterstock.com: J. Copland 20 • Süddeutsche Zeitung Photo: N. Lejeune/Rue des Archives 99, Rue des Archives/ AGIP 107 • ullstein bild: Photo12/Coll. Taponier 75 • Vega 143 • WDR: 60 • www.bridgemanart.com: 11

BARCELONA
BERLIN
DUBLIN
HAMBURG
LONDON
MÜNCHEN
NEW YORK
PARIS
PRAG
ROM
SAN FRANCISCO
ST. PETERSBURG
STOCKHOLM
VENEDIG
WIEN
ZÜRICH
ERHÄLTLICH ALS E-BOOK ODER ALS BUCH MIT LEINEN-EINBAND
Erlesene Ziele
Auf den Spuren berühmter Persönlichkeiten
Paris ist der einzige Ort, an dem der Mensch wirklich so leben darf, wie er will.
Paris bedeutet laufen. Paris ist eine Hure. Paris ist eine Messe wert.
NEU
DRESDEN
Eine Stadt in Biographien
MERIAN porträts
NEU
LISSABON
Eine Stadt in Biographien
MERIAN porträts
NEU
MADRID
Eine Stadt in Biographien
MERIAN porträts
NEU
RIO DE JANEIRO
Eine Stadt in Biographien
MERIAN porträts
Jede großartige Metropole wird in erster Linie von den Menschen geprägt, die dort leben und arbeiten. Entdecken Sie mit MERIAN porträts aufregende Städte ganz neu und begeben Sie sich auf die Spuren berühmter Persönlichkeiten!
MERIAN porträts